TRANZLATY

La lingua è per tutti

Taal is voor iedereen

Il richiamo della foresta

Als de natuur roept

Jack London

Italiano / Nederlands

Copyright © 2025 Tranzlaty
All rights reserved
Published by Tranzlaty
ISBN: 978-1-80572-892-4
Original text by Jack London
The Call of the Wild
First published in 1903
www.tranzlaty.com

Nel primitivo
In het primitieve

Buck non leggeva i giornali.
Buck las de kranten niet.
Se avesse letto i giornali avrebbe saputo che i guai si stavano avvicinando.
Als hij de kranten had gelezen, had hij geweten dat er problemen op komst waren.
Non erano guai solo per lui, ma per tutti i cani da caccia.
Niet alleen hijzelf had het moeilijk, maar alle andere honden in het water.
Ogni cane con muscoli forti e pelo lungo e caldo sarebbe stato nei guai.
Elke hond met sterke spieren en warm, lang haar zou in de problemen komen.
Da Puget Bay a San Diego nessun cane poteva sfuggire a ciò che stava per accadere.
Van Puget Bay tot San Diego kon geen enkele hond ontsnappen aan wat hem te wachten stond.
Gli uomini, brancolando nell'oscurità artica, avevano trovato un metallo giallo.
Mannen, die door de duisternis van de Arctische zee tastten, vonden een geel metaal.
Le compagnie di navigazione a vapore e di trasporto erano alla ricerca della scoperta.
Stoomboot- en transportbedrijven waren op zoek naar de ontdekking.
Migliaia di uomini si riversarono nel Nord.
Duizenden mannen haastten zich naar het Noordland.
Questi uomini volevano dei cani, e i cani che volevano erano cani pesanti.
Deze mannen wilden honden, en de honden die ze wilden, waren zware honden.
Cani dotati di muscoli forti per lavorare duro.
Honden met sterke spieren waarmee ze kunnen werken.
Cani con il pelo folto che li protegge dal gelo.

Honden met een harige vacht om zich te beschermen tegen de vorst.

Buck viveva in una grande casa nella soleggiata Santa Clara Valley.
Buck woonde in een groot huis in de zonnige Santa Clara-vallei.
La casa del giudice Miller era chiamata così.
Rechter Miller's Place, zo heette zijn huis.
La sua casa era nascosta tra gli alberi, lontana dalla strada.
Zijn huis stond een stukje van de weg af, half verborgen tussen de bomen.
Si poteva intravedere l'ampia veranda che circondava la casa.
Je kon een glimp opvangen van de brede veranda die rondom het huis liep.
Si accedeva alla casa tramite vialetti ghiaiosi.
Het huis was bereikbaar via een oprit met grind.
I sentieri si snodavano attraverso ampi prati.
De paden kronkelden door uitgestrekte gazons.
In alto si intrecciavano i rami degli alti pioppi.
Boven ons hoofd hingen de takken van hoge populieren ineengestrengelde takken.
Nella parte posteriore della casa le cose erano ancora più spaziose.
Aan de achterzijde van het huis was het nog ruimer.
C'erano grandi scuderie, dove una dozzina di stallieri chiacchieravano
Er waren grote stallen, waar een tiental stalknechten stonden te kletsen
C'erano file di cottage per i servi ricoperti di vite
Er waren rijen met wijnranken begroeide huisjes voor bedienden
E c'era una serie infinita e ordinata di latrine
En er was een eindeloze en ordelijke reeks buitentoiletten
Lunghi pergolati d'uva, pascoli verdi, frutteti e campi di bacche.

Lange druivenranken, groene weiden, boomgaarden en bessenvelden.
Poi c'era l'impianto di pompaggio per il pozzo artesiano.
Dan was er nog de pompinstallatie voor de artesische put.
E c'era la grande cisterna di cemento piena d'acqua.
En daar stond de grote cementtank, gevuld met water.
Qui i ragazzi del giudice Miller hanno fatto il loro tuffo mattutino.
Hier waagden de jongens van rechter Miller hun ochtendduik.
E lì si rinfrescavano anche nel caldo pomeriggio.
En ook daar koelden ze af in de hete namiddag.
E su questo grande dominio, Buck era colui che lo governava tutto.
En Buck was degene die over dit grote domein heerste.
Buck nacque su questa terra e visse qui tutti i suoi quattro anni.
Buck werd op dit land geboren en woonde hier al zijn vier levensjaren.
C'erano effettivamente altri cani, ma non avevano molta importanza.
Er waren weliswaar nog andere honden, maar die waren niet wezenlijk van belang.
In un posto vasto come questo ci si aspettava la presenza di altri cani.
Op zo'n uitgestrekte plek als deze werden andere honden verwacht.
Questi cani andavano e venivano oppure vivevano nei canili affollati.
Deze honden kwamen en gingen, of leefden in de drukke kennels.
Alcuni cani vivevano nascosti in casa, come Toots e Ysabel.
Sommige honden leefden verborgen in het huis, zoals Toots en Ysabel.
Toots era un carlino giapponese, Ysabel una cagnolina messicana senza pelo.
Toots was een Japanse mopshond, Ysabel een Mexicaanse naakthond.

Queste strane creature raramente uscivano di casa.
Deze vreemde wezens kwamen zelden buiten het huis.
Non toccarono terra né annusarono l'aria esterna.
Ze raakten de grond niet aan en snuffelden ook niet in de buitenlucht.
C'erano anche i fox terrier, almeno una ventina.
En dan waren er ook nog foxterriërs, zeker twintig in aantal.
Questi terrier abbaiavano ferocemente a Toots e Ysabel in casa.
Deze terriërs blaften fel naar Toots en Ysabel binnenshuis.
Toots e Ysabel rimasero dietro le finestre, al sicuro da ogni pericolo.
Toots en Ysabel bleven achter de ramen, veilig voor gevaar.
Erano sorvegliati da domestiche armate di scope e stracci.
Ze werden bewaakt door dienstmeisjes met bezems en dweilen.
Ma Buck non era un cane da casa e nemmeno da canile.
Maar Buck was geen huishond, maar ook geen kennelhond.
L'intera proprietà apparteneva a Buck come suo legittimo regno.
Het gehele landgoed behoorde Buck toe, zijn rechtmatige domein.
Buck nuotava nella vasca o andava a caccia con i figli del giudice.
Buck zwom in het aquarium of ging jagen met de zonen van de rechter.
Camminava con Mollie e Alice nelle prime ore del mattino o tardi.
Hij liep met Mollie en Alice in de vroege en late uren.
Nelle notti fredde si sdraiava davanti al fuoco della biblioteca insieme al giudice.
In koude nachten lag hij met de rechter voor de open haard in de bibliotheek.
Buck accompagnava i nipoti del giudice sulla sua robusta schiena.
Buck reed op zijn sterke rug rond met de kleinzonen van de rechter.

Si rotolava nell'erba insieme ai ragazzi, sorvegliandoli da vicino.
Hij rolde met de jongens door het gras en hield hen nauwlettend in de gaten.
Si avventurarono fino alla fontana e addirittura oltre i campi di bacche.
Ze waagden zich tot aan de fontein en zelfs voorbij de bessenvelden.
Tra i fox terrier, Buck camminava sempre con orgoglio regale.
Tussen de foxterriërs liep Buck altijd met koninklijke trots rond.
Ignorò Toots e Ysabel, trattandoli come se fossero aria.
Hij negeerde Toots en Ysabel en behandelde hen alsof ze lucht waren.
Buck governava tutte le creature viventi sulla terra del giudice Miller.
Buck heerste over alle levende wezens op het land van rechter Miller.
Dominava gli animali, gli insetti, gli uccelli e perfino gli esseri umani.
Hij heerste over dieren, insecten, vogels en zelfs mensen.
Il padre di Buck, Elmo, era un enorme e fedele San Bernardo.
Bucks vader Elmo was een grote en trouwe Sint-Bernard.
Elmo non si allontanò mai dal Giudice e lo servì fedelmente.
Elmo verliet de rechter nooit en diende hem trouw.
Buck sembrava pronto a seguire il nobile esempio del padre.
Buck leek bereid het nobele voorbeeld van zijn vader te volgen.
Buck non era altrettanto grande: pesava sessanta chili.
Buck was niet zo groot, hij woog honderdveertig kilo.
Sua madre, Shep, era una splendida cagnolina da pastore scozzese.
Zijn moeder, Shep, was een prachtige Schotse herdershond.
Ma nonostante il suo peso, Buck camminava con una presenza regale.

Maar zelfs met dat gewicht liep Buck met een koninklijke uitstraling.
Ciò derivava dal buon cibo e dal rispetto che riceveva sempre.
Dat kwam door het goede eten en het respect dat hij altijd kreeg.
Per quattro anni Buck aveva vissuto come un nobile viziato.
Vier jaar lang leefde Buck als een verwende edelman.
Era orgoglioso di sé stesso e perfino un po' egocentrico.
Hij was trots op zichzelf, en zelfs een beetje egoïstisch.
Quel tipo di orgoglio era comune tra i signori delle campagne remote.
Dat soort trots was normaal bij landheren in afgelegen gebieden.
Ma Buck si salvò dal diventare un cane domestico viziato.
Maar Buck redde zichzelf ervan een verwende huishond te worden.
Rimase snello e forte grazie alla caccia e all'esercizio fisico.
Door te jagen en te bewegen bleef hij slank en sterk.
Amava profondamente l'acqua, come chi si bagna nei laghi freddi.
Hij hield erg van water, net als mensen die in koude meren baden.
Questo amore per l'acqua mantenne Buck forte e molto sano.
Zijn liefde voor water hield Buck sterk en gezond.
Questo era il cane che Buck era diventato nell'autunno del 1897.
Dit was de hond die Buck in de herfst van 1897 was geworden.
Quando lo sciopero del Klondike spinse gli uomini verso il gelido Nord.
Toen de Klondike-aanval plaatsvond, werden de mannen naar het bevroren Noorden getrokken.
Da ogni parte del mondo la gente accorse in massa verso la fredda terra.
Mensen stroomden van over de hele wereld naar het koude land.

Buck, tuttavia, non leggeva i giornali e non capiva le notizie.
Buck las echter geen kranten en begreep het nieuws niet.
Non sapeva che Manuel fosse una persona cattiva con cui stare.
Hij wist niet dat Manuel een slecht mens was.
Manuel, che aiutava in giardino, aveva un grosso problema.
Manuel, die in de tuin hielp, had een groot probleem.
Manuel era dipendente dal gioco d'azzardo alla lotteria cinese.
Manuel was verslaafd aan gokken in de Chinese loterij.
Credeva fermamente anche in un sistema fisso per vincere.
Hij geloofde ook sterk in een vast systeem om te winnen.
Questa convinzione rese il suo fallimento certo e inevitabile.
Die overtuiging maakte zijn mislukking zeker en onvermijdelijk.
Per giocare con un sistema erano necessari soldi, soldi che a Manuel mancavano.
Om volgens een systeem te kunnen spelen heb je geld nodig, en dat had Manuel niet.
Il suo stipendio bastava a malapena a sostenere la moglie e i numerosi figli.
Met zijn salaris kon hij nauwelijks zijn vrouw en vele kinderen onderhouden.
La notte in cui Manuel tradì Buck, tutto era normale.
De nacht dat Manuel Buck verraadde, was alles normaal.
Il giudice si trovava a una riunione dell'Associazione dei coltivatori di uva passa.
De rechter was aanwezig bij een bijeenkomst van de vereniging van rozijnenkwekers.
A quel tempo i figli del giudice erano impegnati a fondare un club sportivo.
De zonen van de rechter waren toen druk bezig met het oprichten van een sportclub.
Nessuno vide Manuel e Buck uscire dal frutteto.
Niemand heeft Manuel en Buck door de boomgaard zien vertrekken.

Buck pensava che questa fosse solo una semplice passeggiata notturna.
Buck dacht dat deze wandeling gewoon een avondwandeling was.
Incontrarono un solo uomo alla stazione della bandiera, a College Park.
Ze ontmoetten slechts één man bij het vlaggenstation in College Park.
Quell'uomo parlò con Manuel e si scambiarono i soldi.
Die man sprak met Manuel en ze wisselden geld uit.
"Imballa la merce prima di consegnarla", suggerì.
"Verpak de goederen voordat u ze aflevert," stelde hij voor.
La voce dell'uomo era roca e impaziente mentre parlava.
De stem van de man was schor en ongeduldig toen hij sprak.
Manuel legò con cura una corda spessa attorno al collo di Buck.
Manuel bond zorgvuldig een dik touw om Bucks nek.
"Se giri la corda, lo strangolerai di brutto"
"Draai het touw, en je zult hem flink wurgen"
Lo straniero emise un grugnito, dimostrando di aver capito bene.
De vreemdeling gromde, wat aantoonde dat hij het goed begreep.
Quel giorno Buck accettò la corda con calma e silenziosa dignità.
Buck aanvaardde het touw die dag met kalme en stille waardigheid.
Era un atto insolito, ma Buck si fidava degli uomini che conosceva.
Het was een ongebruikelijke daad, maar Buck vertrouwde de mannen die hij kende.
Credeva che la loro saggezza andasse ben oltre il suo pensiero.
Hij geloofde dat hun wijsheid veel verder ging dan zijn eigen denken.
Ma poi la corda venne consegnata nelle mani dello straniero.

Maar toen werd het touw in de handen van de vreemdeling gegeven.
Buck emise un ringhio basso che suonava come un avvertimento e una minaccia silenziosa.
Buck gromde zachtjes en gaf een waarschuwende, maar toch stille dreiging.
Era orgoglioso e autoritario e intendeva mostrare il suo disappunto.
Hij was trots en dominant, en wilde hiermee zijn ongenoegen laten blijken.
Buck credeva che il suo avvertimento sarebbe stato interpretato come un ordine.
Buck ging ervan uit dat zijn waarschuwing als een bevel zou worden opgevat.
Con suo grande stupore, la corda si strinse rapidamente attorno al suo grosso collo.
Tot zijn schrik werd het touw strakker om zijn dikke nek getrokken.
Gli mancò l'aria e cominciò a lottare in preda a una rabbia improvvisa.
Zijn adem werd afgesneden en hij begon in woede te vechten.
Si lanciò verso l'uomo, che si lanciò rapidamente contro Buck a mezz'aria.
Hij sprong op de man af, die Buck snel in de lucht tegemoet sprong.
L'uomo afferrò Buck per la gola e lo fece ruotare abilmente in aria.
De man greep Buck bij de keel en draaide hem behendig in de lucht.
Buck venne scaraventato a terra con violenza, atterrando sulla schiena.
Buck werd hard neergeworpen en landde plat op zijn rug.
La corda ora lo strangolava crudelmente mentre lui scalciava selvaggiamente.
Het touw wurgde hem nu op een wrede manier, terwijl hij wild schopte.

La sua lingua cadde fuori, il suo petto si sollevò, ma non riprese fiato.
Zijn tong viel uit, zijn borstkas ging op en neer, maar hij kreeg geen adem.
Non era mai stato trattato con tanta violenza in vita sua.
Nog nooit in zijn leven was hij met zoveel geweld behandeld.
Non era mai stato così profondamente invaso da una rabbia così profonda.
Nog nooit was hij zo woedend geweest.
Ma il potere di Buck svanì e i suoi occhi diventarono vitrei.
Maar Bucks kracht verdween en zijn ogen werden glazig.
Svenne proprio mentre un treno veniva fermato lì vicino.
Hij viel flauw op het moment dat er vlakbij een trein stopte.
Poi i due uomini lo caricarono velocemente nel vagone bagagli.
Toen gooiden de twee mannen hem snel in de bagagewagen.
La cosa successiva che Buck sentì fu dolore alla lingua gonfia.
Het volgende wat Buck voelde was pijn in zijn gezwollen tong.
Si muoveva su un carro traballante, solo vagamente cosciente.
Hij reed rond in een schuddende kar en was slechts vaag bij bewustzijn.
Il fischio acuto di un treno rivelò a Buck la sua posizione.
Het scherpe gefluit van een trein vertelde Buck waar hij was.
Aveva spesso cavalcato con il Giudice e conosceva quella sensazione.
Hij had vaak met de rechter gereden en kende het gevoel.
Fu un'esperienza unica viaggiare di nuovo in un vagone bagagli.
Het was de unieke schok van het weer reizen in een bagagewagen.
Buck aprì gli occhi e il suo sguardo ardeva di rabbia.
Buck opende zijn ogen en zijn blik brandde van woede.
Questa era l'ira di un re orgoglioso detronizzato.

Dit was de woede van een trotse koning die van zijn troon was gestoten.
Un uomo allungò la mano per afferrarlo, ma Buck colpì per primo.
Een man probeerde hem te grijpen, maar Buck sloeg als eerste toe.
Affondò i denti nella mano dell'uomo e la strinse forte.
Hij zette zijn tanden in de hand van de man en hield die stevig vast.
Non mi lasciò andare finché non svenne per la seconda volta.
Hij liet pas los toen hij voor de tweede keer bewusteloos raakte.
"Sì, ha degli attacchi", borbottò l'uomo al facchino.
"Ja, hij heeft aanvallen," mompelde de man tegen de bagagebeambte.
Il facchino aveva sentito la colluttazione e si era avvicinato.
De bagagebezorger hoorde het gevecht en kwam dichterbij.
"Lo porto a Frisco per conto del capo", spiegò l'uomo.
"Ik neem hem mee naar Frisco voor de baas," legde de man uit.
"C'è un bravo dottore per cani che dice di poterli curare."
"Daar is een goede hondendokter die zegt dat hij ze kan genezen."
Più tardi quella notte l'uomo raccontò la sua versione completa.
Later die avond gaf de man zijn eigen volledige verhaal.
Parlava da un capannone dietro un saloon sul molo.
Hij sprak vanuit een schuur achter een bar op de kade.
"Mi hanno dato solo cinquanta dollari", si lamentò con il gestore del saloon.
"Ik kreeg maar vijftig dollar", klaagde hij tegen de barman.
"Non lo rifarei, nemmeno per mille dollari in contanti."
"Ik zou het niet nog een keer doen, zelfs niet voor duizend dollar."
La sua mano destra era strettamente avvolta in un panno insanguinato.

Zijn rechterhand was strak omwikkeld met een bebloede doek.
La gamba dei suoi pantaloni era completamente strappata dal ginocchio al piede.
Zijn broekspijp was van knie tot voet wijd open gescheurd.
"Quanto è stato pagato l'altro tizio?" chiese il gestore del saloon.
"Hoeveel heeft die andere kerel betaald gekregen?" vroeg de barman.
«Cento», rispose l'uomo, «non ne accetterebbe uno in meno».
"Honderd," antwoordde de man, "hij nam geen cent minder."
"Questo fa centocinquanta", disse il gestore del saloon.
"Dat is honderdvijftig", zei de barman.
"E lui li merita tutti, altrimenti non sono meglio di uno stupido."
"En hij is het allemaal waard, anders ben ik niet beter dan een domkop."
L'uomo aprì gli involucri per esaminarsi la mano.
De man opende de verpakking om zijn hand te onderzoeken.
La mano era gravemente graffiata e ricoperta di croste di sangue secco.
De hand was ernstig gescheurd en zat vol met opgedroogd bloed.
"Se non mi viene l'idrofobia..." cominciò a dire.
"Als ik geen hondsdolheid krijg...", begon hij te zeggen.
"Sarà perché sei nato per impiccarti", giunse una risata.
"Dat komt omdat je geboren bent om te hangen", klonk het lachend.
"Aiutami prima di partire", gli chiesero.
"Kom me even helpen voordat je weggaat," werd hem gevraagd.
Buck era stordito dal dolore alla lingua e alla gola.
Buck was verdoofd door de pijn in zijn tong en keel.
Era mezzo strangolato e riusciva a malapena a stare in piedi.
Hij was half gewurgd en kon nauwelijks rechtop staan.
Ciononostante, Buck cercò di affrontare gli uomini che lo avevano ferito così duramente.

Toch probeerde Buck de mannen die hem zoveel pijn hadden gedaan, onder ogen te komen.
Ma lo gettarono a terra e lo strangolarono ancora una volta.
Maar ze gooiden hem opnieuw op de grond en wurgden hem.
Solo allora riuscirono a segargli il pesante collare di ottone.
Pas toen konden ze zijn zware koperen kraag afzagen.
Tolsero la corda e lo spinsero in una cassa.
Ze haalden het touw eraf en duwden hem in een krat.
La cassa era piccola e aveva la forma di una gabbia di ferro grezza.
De kist was klein en had de vorm van een ruwe ijzeren kooi.
Buck rimase lì per tutta la notte, pieno di rabbia e di orgoglio ferito.
Buck lag daar de hele nacht, vervuld van woede en gekwetste trots.
Non riusciva nemmeno a capire cosa gli stesse succedendo.
Hij kon zich niet voorstellen wat er met hem gebeurde.
Perché quegli strani uomini lo tenevano in quella piccola cassa?
Waarom hielden deze vreemde mannen hem in dit kleine kratje?
Cosa volevano da lui e perché questa crudele prigionia?
Wat wilden ze met hem, en waarom deze wrede gevangenschap?
Sentì una pressione oscura e la sensazione che il disastro si avvicinasse.
Hij voelde een donkere druk, het idee dat de ramp dichterbij kwam.
Era una paura vaga, ma si impadronì pesantemente del suo spirito.
Het was een vage angst, maar die maakte een diepe indruk op hem.
Diverse volte sobbalzò quando la porta del capanno sbatteva.
Hij sprong meerdere malen op als de schuurdeur rammelde.
Si aspettava che il giudice o i ragazzi apparissero e lo salvassero.

Hij verwachtte dat de rechter of de jongens zouden
verschijnen en hem zouden redden.
**Ma ogni volta solo la faccia grassa del gestore del saloon
faceva capolino all'interno.**
Maar alleen het dikke gezicht van de kroegeigenaar was elke
keer te zien.
**Il volto dell'uomo era illuminato dalla debole luce di una
candela di sego.**
Het gezicht van de man werd verlicht door het zwakke
schijnsel van een kaars.
**Ogni volta, il latrato gioioso di Buck si trasformava in un
ringhio basso e arrabbiato.**
Elke keer veranderde Bucks vrolijke geblaf in een laag, boos
gegrom.

**Il gestore del saloon lo ha lasciato solo per la notte nella
cassa**
De salooneigenaar liet hem de nacht alleen in de krat achter
**Ma quando si svegliò la mattina seguente, altri uomini
stavano arrivando.**
Maar toen hij de volgende ochtend wakker werd, kwamen er
nog meer mannen.
**Arrivarono quattro uomini e, con cautela, sollevarono la
cassa senza dire una parola.**
Vier mannen kwamen en pakten voorzichtig de kist op,
zonder een woord te zeggen.
Buck capì subito in quale situazione si trovava.
Buck wist meteen in welke situatie hij zich bevond.
Erano ulteriori tormentatori che doveva combattere e temere.
Zij waren nog meer kwellers waar hij tegen moest vechten en
bang voor moest zijn.
**Questi uomini apparivano malvagi, trasandati e molto mal
curati.**
Deze mannen zagen er slecht, onverzorgd en armoedig uit.
**Buck ringhiò e si lanciò contro di loro con furia attraverso le
sbarre.**
Buck gromde en sprong woest door de tralies heen op hen af.

Si limitarono a ridere e a colpirlo con lunghi bastoni di legno.
Ze lachten hem alleen maar uit en prikten met lange houten stokken.
Buck morse i bastoncini, poi capì che era quello che gli piaceva.
Buck beet in de stokjes en besefte toen dat ze dat juist leuk vonden.
Così si sdraiò in silenzio, imbronciato e acceso da una rabbia silenziosa.
Hij ging dus rustig liggen, somber en brandend van stille woede.
Caricarono la cassa su un carro e se ne andarono con lui.
Ze tilden de kist in een wagen en reden met hem weg.
La cassa, con Buck chiuso dentro, cambiò spesso proprietario.
De kist, met Buck erin opgesloten, wisselde vaak van eigenaar.
Gli impiegati dell'ufficio espresso presero in mano la situazione e si occuparono di lui per un breve periodo.
Het kantoorpersoneel van Express nam de leiding en hield hem kort onder controle.
Poi un altro carro trasportò Buck attraverso la rumorosa città.
Vervolgens reed er een andere wagen met Buck door het lawaaiige stadje.
Un camion lo portò con sé scatole e pacchi su un traghetto.
Een vrachtwagen bracht hem met dozen en pakketten naar een veerboot.
Dopo l'attraversamento, il camion lo scaricò presso un deposito ferroviario.
Nadat hij de grens was overgestoken, werd hij door de vrachtwagen afgezet bij een treinstation.
Alla fine Buck venne fatto salire a bordo di un vagone espresso in attesa.
Uiteindelijk werd Buck in een gereedstaande sneltreinwagon gezet.
Per due giorni e due notti i treni trascinarono via il vagone espresso.

Twee dagen en nachten lang reden er treinen rond de sneltreinen die de wagons wegtrokken.
Buck non mangiò né bevve durante tutto il doloroso viaggio.
Buck at noch dronk gedurende de hele pijnlijke reis.
Quando i messaggeri cercarono di avvicinarlo, lui ringhiò.
Toen de koeriers hem naderden, gromde hij.
Risposero prendendolo in giro e prendendolo in giro crudelmente.
Ze reageerden door hem te bespotten en wreed te plagen.
Buck si gettò contro le sbarre, schiumando e tremando
Buck wierp zich schuimbekkend en trillend op de tralies
risero sonoramente e lo presero in giro come i bulli della scuola.
Ze lachten luid en bespotten hem alsof het pestkoppen op het schoolplein waren.
Abbaiavano come cani finti e agitavano le braccia.
Ze blaften als nep-honden en sloegen met hun armen.
Arrivarono persino a cantare come galli, solo per farlo arrabbiare ancora di più.
Ze kraaiden zelfs als hanen, alleen maar om hem nog meer van streek te maken.
Era un comportamento sciocco e Buck sapeva che era ridicolo.
Het was dwaas gedrag, en Buck wist dat het belachelijk was.
Ma questo non fece altro che accrescere il suo senso di indignazione e vergogna.
Maar dat maakte zijn gevoelens van verontwaardiging en schaamte alleen maar groter.
Durante il viaggio la fame non lo disturbò molto.
Tijdens de reis had hij niet veel last van honger.
Ma la sete portava con sé dolori acuti e sofferenze insopportabili.
Maar dorst veroorzaakte hevige pijn en ondraaglijk lijden.
La sua gola secca e infiammata e la lingua bruciavano per il calore.
Zijn droge, ontstoken keel en tong brandden van de hitte.

Questo dolore alimentava la febbre che cresceva nel suo corpo orgoglioso.
Deze pijn versterkte de koorts in zijn trotse lichaam.
Durante questa prova Buck fu grato per una sola cosa.
Buck was dankbaar voor één ding tijdens deze rechtszaak.
Gli avevano tolto la corda dal grosso collo.
Het touw was van zijn dikke nek verwijderd.
La corda aveva dato a quegli uomini un vantaggio ingiusto e crudele.
Het touw had die mannen een oneerlijk en wreed voordeel gegeven.
Ora la corda non c'era più e Buck giurò che non sarebbe mai più tornata.
Nu was het touw weg en Buck zwoer dat het nooit meer terug zou komen.
Decise che nessuna corda gli sarebbe mai più passata intorno al collo.
Hij besloot dat er nooit meer een touw om zijn nek zou komen.
Per due lunghi giorni e due lunghe notti soffrì senza cibo.
Twee lange dagen en nachten leed hij zonder eten.
E in quelle ore, accumulò dentro di sé una rabbia enorme.
En in die uren ontwikkelde zich bij hem een enorme woede.
I suoi occhi diventarono iniettati di sangue e selvaggi per la rabbia costante.
Zijn ogen werden bloeddoorlopen en wild van de voortdurende woede.
Non era più Buck, ma un demone con le fauci che schioccavano.
Hij was niet langer Buck, maar een demon met klappende kaken.
Nemmeno il Giudice avrebbe potuto riconoscere questa folle creatura.
Zelfs de rechter herkende dit gekke wezen niet.
I messaggeri espressi tirarono un sospiro di sollievo quando giunsero a Seattle

De koeriers slaakten een zucht van verlichting toen ze Seattle bereikten
Quattro uomini sollevarono la cassa e la portarono in un cortile sul retro.
Vier mannen tilden de kist op en brachten hem naar een achtertuin.
Il cortile era piccolo, circondato da mura alte e solide.
De tuin was klein en omgeven door hoge, stevige muren.
Un uomo corpulento uscì dalla stanza con una scollatura larga e una camicia rossa.
Een grote man stapte naar buiten in een afzakkende rode trui.
Firmò il registro delle consegne con una calligrafia spessa e decisa.
Hij ondertekende het leveringsboek met een dikke, vette hand.
Buck intuì subito che quell'uomo era il suo prossimo aguzzino.
Buck had meteen het gevoel dat deze man zijn volgende kwelgeest was.
Si lanciò violentemente contro le sbarre, con gli occhi rossi di rabbia.
Hij sprong met geweld op de tralies af, zijn ogen rood van woede.
L'uomo si limitò a sorridere amaramente e andò a prendere un'ascia.
De man glimlachte slechts duister en ging een bijl halen.
Teneva anche una mazza nella sua grossa e forte mano destra.
Hij had ook een knuppel in zijn dikke en sterke rechterhand.
"Lo porterai fuori adesso?" chiese l'autista preoccupato.
"Ga je hem nu meenemen?" vroeg de chauffeur bezorgd.
"Certo", disse l'uomo, infilando l'ascia nella cassa come se fosse una leva.
'Tuurlijk,' zei de man, terwijl hij de bijl in de kist duwde als hefboom.
I quattro uomini si dileguarono all'istante, saltando sul muro del cortile.

De vier mannen gingen er meteen vandoor en sprongen op de tuinmuur.
Dai loro punti sicuri in alto, aspettavano di ammirare lo spettacolo.
Vanaf hun veilige plekjes wachtten ze om het schouwspel te aanschouwen.
Buck si lanciò contro il legno scheggiato, mordendolo e scuotendolo violentemente.
Buck sprong naar het gespleten hout, beet erin en trilde hevig.
Ogni volta che l'ascia colpiva la gabbia, Buck era lì pronto ad attaccarla.
Elke keer dat de bijl de kooi raakte, was Buck er om hem aan te vallen.
Ringhiò e schioccò le dita in preda a una rabbia selvaggia, desideroso di essere liberato.
Hij gromde en snoof van woede, hij wilde dolgraag bevrijd worden.
L'uomo all'esterno era calmo e fermo, concentrato sul suo compito.
De man buiten was kalm en standvastig, geconcentreerd op zijn taak.
"Bene allora, diavolo dagli occhi rossi", disse quando il buco fu grande.
"Goed dan, duivel met de rode ogen," zei hij toen het gat groot was.
Lasciò cadere l'ascia e prese la mazza nella mano destra.
Hij liet de strijdbijl vallen en nam de knuppel in zijn rechterhand.
Buck sembrava davvero un diavolo: aveva gli occhi iniettati di sangue e fiammeggianti.
Buck zag er echt uit als een duivel; zijn ogen waren bloeddoorlopen en vlammend.
Il suo pelo si rizzò, la schiuma gli salì alla bocca e gli occhi brillarono.
Zijn vacht stond overeind, er stond schuim op zijn mond en zijn ogen glinsterden.
Lui tese i muscoli e si lanciò dritto verso il maglione rosso.

Hij spande zijn spieren aan en sprong meteen op de rode trui af.
Centoquaranta libbre di furia si riversarono sull'uomo calmo.
Honderdveertig kilo woede vloog op de kalme man af.
Un attimo prima che le sue fauci si chiudessero, un colpo terribile lo colpì.
Net voordat zijn kaken op elkaar zouden klemmen, kreeg hij een verschrikkelijke klap.
I suoi denti si schioccarono insieme solo sull'aria
Zijn tanden klappen op elkaar, alleen op lucht
una scossa di dolore gli risuonò nel corpo
een pijnscheut galmde door zijn lichaam
Si capovolse a mezz'aria e cadde sulla schiena e su un fianco.
Hij draaide zich in de lucht om en kwam op zijn rug en zij terecht.
Non aveva mai sentito prima un colpo di mazza e non riusciva a sostenerlo.
Hij had nog nooit eerder de klap van een knuppel gevoeld en kon hem niet vasthouden.
Con un ringhio acuto, in parte abbaio, in parte urlo, saltò di nuovo.
Met een krijsend gegrom, deels geblaf, deels geschreeuw, sprong hij opnieuw.
Un altro colpo violento lo colpì e lo scaraventò a terra.
Hij kreeg nog een harde klap en werd op de grond geslingerd.
Questa volta Buck capì: era la pesante clava dell'uomo.
Deze keer begreep Buck het: het was de zware knots van de man.
Ma la rabbia lo accecò e non pensò minimamente di ritirarsi.
Maar woede verblindde hem en hij dacht er niet aan om zich terug te trekken.
Dodici volte si lanciò e dodici volte cadde.
Twaalf keer wierp hij zich, en twaalf keer viel hij.
La mazza di legno lo colpiva ogni volta con una forza spietata e schiacciante.

De houten knuppel sloeg hem telkens met meedogenloze, verpletterende kracht neer.
Dopo un colpo violento, si rialzò barcollando, stordito e lento.
Na een harde klap kwam hij wankelend en traag overeind.
Il sangue gli colava dalla bocca, dal naso e perfino dalle orecchie.
Er stroomde bloed uit zijn mond, zijn neus en zelfs uit zijn oren.
Il suo mantello, un tempo bellissimo, era imbrattato di schiuma insanguinata.
Zijn ooit zo mooie vacht zat onder het bloederige schuim.
Poi l'uomo si fece avanti e gli sferrò un violento colpo al naso.
Toen stapte de man op en gaf hem een harde klap op zijn neus.
L'agonia fu più acuta di qualsiasi cosa Buck avesse mai provato.
De pijn was heviger dan alles wat Buck ooit had gevoeld.
Con un ruggito più da bestia che da cane, balzò di nuovo all'attacco.
Met een brul die meer op die van een dier dan op die van een hond leek, sprong hij opnieuw in de aanval.
Ma l'uomo gli afferrò la mascella inferiore e la torse all'indietro.
Maar de man greep zijn onderkaak vast en draaide deze naar achteren.
Buck si girò a testa in giù e cadde di nuovo violentemente al suolo.
Buck draaide zich om en kwam met een harde klap weer op de grond terecht.
Un'ultima volta, Buck si lanciò verso di lui, ormai a malapena in grado di reggersi in piedi.
Buck stormde nog een laatste keer op hem af; hij kon nu nauwelijks nog op zijn benen staan.
L'uomo colpì con sapiente tempismo, sferrando il colpo finale.

De man sloeg met een perfect moment toe en gaf hem de genadeslag.
Buck crollò a terra, privo di sensi e immobile.
Buck zakte bewusteloos en bewegingloos in elkaar.
"Non è uno stupido ad addestrare i cani, ecco cosa dico io", urlò un uomo.
"Hij is niet slecht in het temmen van honden, dat zeg ik tenminste", schreeuwde een man.
"Druther può spezzare la volontà di un segugio in qualsiasi giorno della settimana."
"Druther kan elke dag van de week de wil van een hond breken."
"E due volte di domenica!" aggiunse l'autista.
"En twee keer op zondag!" voegde de chauffeur toe.
Salì sul carro e tirò le redini per partire.
Hij klom in de wagen en trok aan de teugels om te vertrekken.
Buck riprese lentamente il controllo della sua coscienza
Buck kreeg langzaam de controle over zijn bewustzijn terug
ma il suo corpo era ancora troppo debole e rotto per muoversi.
maar zijn lichaam was nog steeds te zwak en gebroken om te bewegen.
Rimase lì dove era caduto, osservando l'uomo con il maglione rosso.
Hij bleef liggen waar hij was gevallen en keek naar de man met de rode trui.
"Risponde al nome di Buck", disse l'uomo, leggendo ad alta voce.
"Hij luistert naar de naam Buck", zei de man terwijl hij hardop las.
Citò la nota inviata con la cassa di Buck e i dettagli.
Hij citeerde uit de brief die bij Bucks krat en details zat.
"Bene, Buck, ragazzo mio", continuò l'uomo con tono amichevole,
"Nou, Buck, mijn jongen," vervolgde de man met een vriendelijke toon,

"Abbiamo avuto il nostro piccolo litigio, e ora tra noi è finita."
"We hebben een klein ruzietje gehad, en nu is het tussen ons voorbij."
"Tu hai imparato qual è il tuo posto, e io ho imparato qual è il mio", ha aggiunto.
"Jij hebt jouw plaats geleerd, en ik heb de mijne geleerd," voegde hij toe.
"Sii buono e tutto andrà bene e la vita sarà piacevole."
"Wees goed, dan zal alles goed gaan, en het leven zal aangenaam zijn."
"Ma se sei cattivo, ti spaccherò a morte, capito?"
"Maar wees stout, dan sla ik je helemaal in elkaar, begrepen?"
Mentre parlava, allungò la mano e accarezzò la testa dolorante di Buck.
Terwijl hij sprak, strekte hij zijn hand uit en klopte op Bucks pijnlijke hoofd.
I capelli di Buck si rizzarono al tocco dell'uomo, ma lui non oppose resistenza.
Bucks haar ging overeind staan toen de man hem aanraakte, maar hij verzette zich niet.
L'uomo gli portò dell'acqua e Buck la bevve a grandi sorsi.
De man bracht hem water, dat Buck in grote slokken opdronk.
Poi arrivò la carne cruda, che Buck divorò pezzo per pezzo.
Daarna kwam het rauwe vlees, dat Buck stukje voor stukje opat.
Sapeva di essere stato sconfitto, ma sapeva anche di non essere distrutto.
Hij wist dat hij verslagen was, maar hij wist ook dat hij niet gebroken was.
Non aveva alcuna possibilità contro un uomo armato di manganello.
Hij had geen schijn van kans tegen een man met een knuppel.
Aveva imparato la verità e non dimenticò mai quella lezione.
Hij had de waarheid geleerd en die les vergat hij nooit.
Quell'arma segnò l'inizio della legge nel nuovo mondo di Buck.

Dat wapen was het begin van de wet in Bucks nieuwe wereld.
Fu l'inizio di un ordine duro e primitivo che non poteva negare.
Het was het begin van een strenge, primitieve orde die hij niet kon ontkennen.
Accettò la verità: i suoi istinti selvaggi erano ormai risvegliati.
Hij aanvaardde de waarheid; zijn wilde instincten kwamen nu tot leven.
Il mondo era diventato più duro, ma Buck lo affrontò coraggiosamente.
De wereld was harder geworden, maar Buck trotseerde het moedig.
Affrontò la vita con una nuova cautela, astuzia e una forza silenziosa.
Hij trad het leven tegemoet met een nieuwe voorzichtigheid, sluwheid en stille kracht.
Arrivarono altri cani, legati con corde o gabbie, come era successo a Buck.
Er kwamen nog meer honden aan, vastgebonden in touwen of kratten, net als Buck.
Alcuni cani procedevano con calma, altri si infuriavano e combattevano come bestie feroci.
Sommige honden kwamen rustig, andere werden woest en vochten als wilde beesten.
Tutti loro furono sottoposti al dominio dell'uomo con il maglione rosso.
Ze kwamen allemaal onder het bewind van de man met de rode trui.
Ogni volta Buck osservava e vedeva svolgersi la stessa lezione.
Buck keek elke keer toe en zag dezelfde les.
L'uomo con la clava era la legge: un padrone a cui obbedire.
De man met de knuppel was de wet, een meester die gehoorzaamd moest worden.
Non era necessario che gli piacesse, ma che gli si obbedisse.

Hij hoefde niet aardig gevonden te worden, maar hij moest wel gehoorzaamd worden.
Buck non si è mai mostrato adulatore o scodinzolante come facevano i cani più deboli.
Buck kwispelde of vleide nooit zoals de zwakkere honden deden.
Vide dei cani che erano stati picchiati e che continuavano a leccare la mano dell'uomo.
Hij zag honden die geslagen waren en toch de hand van de man likten.
Vide un cane che non obbediva né si sottometteva affatto.
Hij zag een hond die totaal niet gehoorzaamde en zich totaal niet onderwierp.
Quel cane ha combattuto fino alla morte nella battaglia per il controllo.
Die hond vocht tot hij werd gedood in de strijd om de macht.
A volte degli sconosciuti venivano a trovare l'uomo con il maglione rosso.
Soms kwamen er vreemden naar de man met de rode trui kijken.
Parlavano con toni strani, supplicando, contrattando e ridendo.
Ze spraken op vreemde toon: smeekten, onderhandelden en lachten.
Dopo aver scambiato i soldi, se ne andavano con uno o più cani.
Als er geld werd uitgewisseld, gingen ze met een of meerdere honden weg.
Buck si chiese dove andassero questi cani, perché nessuno faceva mai ritorno.
Buck vroeg zich af waar de honden naartoe waren, want geen van hen kwam ooit terug.
la paura dell'ignoto riempiva Buck ogni volta che un uomo sconosciuto si avvicinava
angst voor het onbekende vulde Buck elke keer dat er een vreemde man kwam

era contento ogni volta che veniva preso un altro cane, al posto suo.

hij was blij als er elke keer een andere hond werd meegenomen, in plaats van hijzelf.

Ma alla fine arrivò il turno di Buck con l'arrivo di uno strano uomo.

Maar uiteindelijk was Buck aan de beurt toen er een vreemde man arriveerde.

Era piccolo, nervoso e parlava un inglese stentato e imprecava.

Hij was klein, pezig, sprak gebrekkig Engels en vloekte.

"Sacredam!" urlò quando vide il corpo di Buck.

"Sacredam!" riep hij toen hij Bucks lichaam zag.

"Che cane maledetto e prepotente! Eh? Quanto costa?" chiese ad alta voce.

"Dat is een verdomde bullebak! Hé? Hoeveel?" vroeg hij hardop.

"Trecento, ed è un regalo a quel prezzo",

"Driehonderd, en voor die prijs is hij een cadeautje,"

"Dato che sono soldi del governo, non dovresti lamentarti, Perrault."

"Aangezien het overheidsgeld is, moet je niet klagen, Perrault."

Perrault sorrise pensando all'accordo che aveva appena concluso con quell'uomo.

Perrault grijnsde toen hij zag welke deal hij zojuist met de man had gesloten.

Il prezzo dei cani è salito alle stelle a causa della domanda improvvisa.

Door de plotselinge vraag stegen de prijzen van honden enorm.

Trecento dollari non erano ingiusti per una bestia così bella.

Driehonderd dollar was niet oneerlijk voor zo'n mooi beest.

Il governo canadese non perderebbe nulla dall'accordo

De Canadese regering zou niets verliezen bij de deal

Né i loro comunicati ufficiali avrebbero subito ritardi nel trasporto.

Ook zouden hun officiële berichten niet vertraagd worden tijdens het transport.
Perrault conosceva bene i cani e capì che Buck era una rarità.
Perrault kende honden goed en zag dat Buck een zeldzaamheid was.
"Uno su dieci diecimila", pensò, mentre studiava la corporatura di Buck.
"Eén op de tienduizend", dacht hij, terwijl hij Bucks postuur bestudeerde.
Buck vide il denaro cambiare di mano, ma non mostrò alcuna sorpresa.
Buck zag het geld van eigenaar wisselen, maar was er niet verbaasd over.
Poco dopo lui e Curly, un gentile Terranova, furono portati via.
Al snel werden hij en Krullend, een zachtaardige Newfoundlander, weggeleid.
Seguirono l'omino dal cortile della casa con il maglione rosso.
Ze volgden het mannetje vanaf de tuin van de rode trui.
Quella fu l'ultima volta che Buck vide l'uomo con la mazza di legno.
Dat was de laatste keer dat Buck de man met de houten knuppel zag.
Dal ponte del Narwhal guardò Seattle svanire in lontananza.
Vanaf het dek van de Narwhal zag hij Seattle in de verte verdwijnen.
Fu anche l'ultima volta che vide le calde terre del Sud.
Het was ook de laatste keer dat hij het warme Zuidland zag.
Perrault li portò sottocoperta e li lasciò con François.
Perrault nam ze mee onderdeks en liet ze bij François achter.
François era un gigante con la faccia nera e le mani ruvide e callose.
François was een reus met een zwart gezicht en ruwe, eeltplekken op zijn handen.
Era un uomo dalla carnagione scura e dalla carnagione scura, un meticcio franco-canadese.

Hij was donker en getint; een halfbloed Frans-Canadees.
Per Buck, quegli uomini erano come non li aveva mai visti prima.
Voor Buck waren dit mannen zoals hij nog nooit eerder had gezien.
Nei giorni a venire avrebbe avuto modo di conoscere molti di questi uomini.
Hij zou in de toekomst nog veel van zulke mannen leren kennen.
Non cominciò ad affezionarsi a loro, ma finì per rispettarli.
Hij raakte er niet aan gehecht, maar hij kreeg er wel respect voor.
Erano giusti e saggi e non si lasciavano ingannare facilmente da nessun cane.
Ze waren eerlijk en wijs, en lieten zich door geen enkele hond zomaar voor de gek houden.
Giudicavano i cani con calma e punivano solo quando meritavano.
Ze beoordeelden honden op kalme wijze en straften alleen als dat verdiend was.
Sul ponte inferiore del Narwhal, Buck e Curly incontrarono due cani.
Op het benedendek van de Narwhal ontmoetten Buck en Krullend twee honden.
Uno era un grosso cane bianco proveniente dalle lontane e gelide isole Spitzbergen.
Één daarvan was een grote witte hond die uit het verre, ijzige Spitsbergen kwam.
In passato aveva navigato su una baleniera e si era unito a un gruppo di ricerca.
Hij had ooit met een walvisvaarder gevaren en zich bij een onderzoeksgroep aangesloten.
Era amichevole, ma astuto, subdolo e subdolo.
Hij was vriendelijk, maar dan op een sluwe, stiekeme en listige manier.
Al loro primo pasto, rubò un pezzo di carne dalla padella di Buck.

Tijdens hun eerste maaltijd stal hij een stuk vlees uit Bucks pan.
Buck saltò per punirlo, ma la frusta di François colpì per prima.
Buck sprong op om hem te straffen, maar de zweep van François sloeg als eerste toe.
Il ladro bianco urlò e Buck reclamò l'osso rubato.
De witte dief gilde en Buck pakte het gestolen bot terug.
Questa correttezza colpì Buck e François si guadagnò il suo rispetto.
Die eerlijkheid maakte indruk op Buck en François verdiende zijn respect.
L'altro cane non lo salutò e non volle nessuno in cambio.
De andere hond begroette je niet en wilde ook niets terug.
Non rubava il cibo, né annusava con interesse i nuovi arrivati.
Hij stal geen eten en besnuffelde de nieuwkomers ook niet met interesse.
Questo cane era cupo e silenzioso, cupo e lento nei movimenti.
Deze hond was somber en stil, somber en traag.
Avvertì Curly di stargli lontano semplicemente lanciandole un'occhiata fulminante.
Hij waarschuwde Krullend dat ze uit de buurt moest blijven door haar alleen maar aan te staren.
Il suo messaggio era chiaro: lasciatemi in pace o saranno guai.
Zijn boodschap was duidelijk: laat me met rust, anders krijg je problemen.
Si chiamava Dave e non faceva quasi caso a ciò che lo circondava.
Hij heette Dave en hij lette nauwelijks op zijn omgeving.
Dormiva spesso, mangiava tranquillamente e sbadigliava di tanto in tanto.
Hij sliep vaak, at rustig en geeuwde af en toe.

La nave ronzava costantemente con il rumore dell'elica sottostante.
Het schip maakte een voortdurend zoemend geluid, net als de draaiende schroef eronder.
I giorni passarono senza grandi cambiamenti, ma il clima si fece più freddo.
De dagen verstreken zonder dat er veel veranderde, maar het werd wel kouder.
Buck se lo sentiva nelle ossa e notò che anche gli altri lo sentivano.
Buck voelde het in zijn botten en zag dat de anderen het ook voelden.
Poi una mattina l'elica si fermò e tutto rimase immobile.
Toen stopte op een ochtend de propeller en was alles stil.
Un'energia percorse la nave: qualcosa era cambiato.
Er ging een energie door het schip: er was iets veranderd.
François scese, li mise al guinzaglio e li portò su.
François kwam naar beneden, bevestigde ze aan de lijnen en bracht ze naar boven.
Buck uscì e trovò il terreno morbido, bianco e freddo.
Buck stapte naar buiten en zag dat de grond zacht, wit en koud was.
Lui fece un balzo indietro allarmato e sbuffò in preda alla confusione più totale.
Hij deinsde geschrokken achteruit en snoof in totale verwarring.
Una strana sostanza bianca cadeva dal cielo grigio.
Er viel een vreemd wit spul uit de grijze lucht.
Si scosse, ma i fiocchi bianchi continuavano a cadergli addosso.
Hij schudde zichzelf, maar de witte vlokken bleven op hem landen.
Annusò attentamente la sostanza bianca e ne leccò alcuni pezzetti ghiacciati.
Hij besnuffelde het witte spul voorzichtig en likte aan een paar ijskoude stukjes.

La polvere bruciò come il fuoco e poi svanì subito dalla sua lingua.
Het poeder brandde als vuur en verdween vervolgens zo van zijn tong.
Buck ci riprovò, sconcertato dallo strano freddo che svaniva.
Buck probeerde het opnieuw, verbaasd door de vreemde, verdwijnende kou.
Gli uomini intorno a lui risero e Buck si sentì in imbarazzo.
De mannen om hem heen lachten en Buck voelde zich beschaamd.
Non sapeva perché, ma si vergognava della sua reazione.
Hij wist niet waarom, maar hij schaamde zich voor zijn reactie.
Era la sua prima esperienza con la neve e la cosa lo confuse.
Het was zijn eerste ervaring met sneeuw, en hij raakte erdoor in de war.

La legge del bastone e della zanna
De wet van de knots en de slagtand

Il primo giorno di Buck sulla spiaggia di Dyea è stato un terribile incubo.
Bucks eerste dag op het Dyea-strand voelde als een verschrikkelijke nachtmerrie.
Ogni ora portava con sé nuovi shock e cambiamenti inaspettati per Buck.
Elk uur bracht nieuwe verrassingen en onverwachte veranderingen voor Buck.
Era stato strappato alla civiltà e gettato nel caos più totale.
Hij was weggerukt uit de bewoonde wereld en in een wilde chaos gestort.
Questa non era una vita soleggiata e pigra, fatta di noia e riposo.
Dit was geen zonnig, lui leven vol verveling en rust.
Non c'era pace, né riposo, né momento senza pericolo.
Er was geen vrede, geen rust en geen moment zonder gevaar.
La confusione regnava su tutto e il pericolo era sempre vicino.
Alles werd beheerst door verwarring en het gevaar lag altijd op de loer.
Buck doveva stare attento perché quegli uomini e quei cani erano diversi.
Buck moest alert blijven, want deze mannen en honden waren verschillend.
Non provenivano da città; erano selvaggi e spietati.
Ze kwamen niet uit de stad; ze waren wild en genadeloos.
Questi uomini e questi cani conoscevano solo la legge del bastone e della zanna.
Deze mannen en honden kenden alleen de wet van de knots en de slagtand.
Buck non aveva mai visto dei cani combattere come questi feroci husky.
Buck had nog nooit honden zien vechten zoals deze wilde husky's.

La sua prima esperienza gli insegnò una lezione che non avrebbe mai dimenticato.
Zijn eerste ervaring leerde hem een les die hij nooit zou vergeten.
Fu una fortuna che non fosse lui, altrimenti sarebbe morto anche lui.
Hij had geluk dat hij het niet was, anders was hij ook gestorven.
Curly era quello che soffriva, mentre Buck osservava e imparava.
Krullend was degene die het leed leed, terwijl Buck toekeek en leerde.
Si erano accampati vicino a un deposito costruito con tronchi.
Ze hadden hun kamp opgeslagen bij een winkel die gebouwd was van boomstammen.
Curly cercò di essere amichevole con un grosso husky simile a un lupo.
Krullend probeerde vriendelijk te zijn tegen een grote, wolfachtige husky.
L'husky era più piccolo di Curly, ma aveva un aspetto selvaggio e cattivo.
De husky was kleiner dan Krullend, maar zag er wild en gemeen uit.
Senza preavviso, lui saltò su e le tagliò il viso.
Zonder waarschuwing sprong hij op en sneed haar gezicht open.
Con un solo movimento i suoi denti le tagliarono l'occhio fino alla mascella.
In één beweging sneed hij met zijn tanden van haar oog naar haar kaak.
Ecco come combattevano i lupi: colpivano velocemente e saltavano via.
Zo vochten wolven: snel slaan en wegspringen.
Ma c'era molto di più da imparare da quell'unico attacco.
Maar van die ene aanval konden we meer leren.

Decine di husky si precipitarono dentro e formarono un cerchio silenzioso.
Tientallen husky's kwamen aanrennen en vormden een stille kring.
Osservavano attentamente e si leccavano le labbra per la fame.
Ze keken aandachtig en likten hun lippen af van honger.
Buck non capiva il loro silenzio né i loro occhi ansiosi.
Buck begreep hun stilte en hun gretige blik niet.
Curly si lanciò ad attaccare l'husky una seconda volta.
Krullend snelde naar de husky toe en viel hem voor de tweede keer aan.
Usò il suo petto per buttarla a terra con un movimento violento.
Hij sloeg haar met een krachtige beweging met zijn borstkas omver.
Cadde su un fianco e non riuscì più a rialzarsi.
Ze viel op haar zij en kon niet meer opstaan.
Era proprio quello che gli altri aspettavano da tempo.
Dat was waar de anderen al die tijd op hadden gewacht.
Gli husky le saltarono addosso, guaindo e ringhiando freneticamente.
De husky's sprongen op haar en gilden en gromden van woede.
Lei urlò mentre la seppellivano sotto una pila di cani.
Ze schreeuwde terwijl ze bedolven werd onder een stapel honden.
L'attacco fu così rapido che Buck rimase immobile per lo shock.
De aanval vond zo snel plaats dat Buck van schrik verstijfde.
Vide Spitz tirare fuori la lingua in un modo che sembrava una risata.
Hij zag Spitz zijn tong uitsteken op een manier die leek op een lach.
François afferrò un'ascia e corse dritto verso il gruppo di cani.
François pakte een bijl en rende recht op de groep honden af.

Altri tre uomini hanno usato dei manganelli per allontanare gli husky.
Drie andere mannen gebruikten knuppels om de husky's weg te jagen.
In soli due minuti la lotta finì e i cani se ne andarono.
Binnen twee minuten was het gevecht voorbij en waren de honden verdwenen.
Curly giaceva morta nella neve rossa calpestata, con il corpo fatto a pezzi.
Krullend lag dood in de rode, vertrapte sneeuw, haar lichaam verscheurd.
Un uomo dalla pelle scura era in piedi davanti a lei, maledicendo la scena brutale.
Een donkere man stond boven haar en vervloekte het gruwelijke tafereel.
Il ricordo rimase con Buck e ossessionò i suoi sogni notturni.
De herinnering bleef Buck bij en achtervolgde hem 's nachts in zijn dromen.
Ecco come funzionava: niente equità, niente seconda possibilità.
Zo ging het hier: geen eerlijkheid, geen tweede kans.
Una volta caduto un cane, gli altri lo uccidevano senza pietà.
Als een hond viel, doodden de anderen hem zonder pardon.
Buck decise allora che non si sarebbe mai lasciato cadere.
Toen besloot Buck dat hij zichzelf nooit zou laten vallen.
Spitz tirò fuori di nuovo la lingua e rise guardando il sangue.
Spitz stak opnieuw zijn tong uit en lachte om het bloed.
Da quel momento in poi, Buck odiò Spitz con tutto il cuore.
Vanaf dat moment haatte Buck Spitz met heel zijn hart.

Prima che Buck potesse riprendersi dalla morte di Curly, accadde qualcosa di nuovo.
Voordat Buck kon herstellen van Krullend's dood, gebeurde er iets nieuws.
François si avvicinò e legò qualcosa attorno al corpo di Buck.
François kwam naar Buck toe en bond iets om hem heen.

Era un'imbracatura simile a quelle usate per i cavalli al ranch.
Het was een tuig zoals die op de ranch voor paarden werden gebruikt.
Così come Buck aveva visto lavorare i cavalli, ora era costretto a lavorare anche lui.
Buck had paarden zien werken en nu moest hij ook aan het werk.
Dovette trascinare François su una slitta nella foresta vicina.
Hij moest François op een slee het nabijgelegen bos in trekken.
Poi dovette trascinare indietro un pesante carico di legna da ardere.
Vervolgens moest hij een lading zwaar brandhout naar boven slepen.
Buck era orgoglioso e gli faceva male essere trattato come un animale da lavoro.
Buck was trots en vond het pijnlijk om als een werkdier behandeld te worden.
Ma era saggio e non cercò di combattere la nuova situazione.
Maar hij was wijs en probeerde de nieuwe situatie niet te bestrijden.
Accettò la sua nuova vita e diede il massimo in ogni compito.
Hij accepteerde zijn nieuwe leven en deed zijn uiterste best bij elke taak.
Tutto di quel lavoro gli risultava strano e sconosciuto.
Alles aan het werk was vreemd en onbekend voor hem.
François era severo e pretendeva obbedienza senza indugio.
François was streng en eiste onmiddellijke gehoorzaamheid.
La sua frusta garantiva che ogni comando venisse eseguito immediatamente.
Zijn zweep zorgde ervoor dat alle bevelen onmiddellijk werden uitgevoerd.
Dave era il timoniere, il cane più vicino alla slitta dietro Buck.
Dave was de wielrenner, de hond die het dichtst bij de slee achter Buck zat.

Se commetteva un errore, Dave mordeva Buck sulle zampe posteriori.
Dave beet Buck in zijn achterpoten als hij een fout maakte.
Spitz era il cane guida, abile ed esperto nel ruolo.
Spitz was de leidende hond en was bekwaam en ervaren in de rol.
Spitz non riusciva a raggiungere Buck facilmente, ma lo corresse comunque.
Spitz kon Buck niet makkelijk bereiken, maar corrigeerde hem toch.
Ringhiava aspramente o tirava la slitta in modi che insegnavano a Buck.
Hij gromde hard of trok de slee op een manier waar Buck wat van leerde.
Grazie a questo addestramento, Buck imparò più velocemente di quanto tutti si aspettassero.
Dankzij deze training leerde Buck sneller dan ze allemaal hadden verwacht.
Lavorò duramente e imparò sia da François che dagli altri cani.
Hij werkte hard en leerde van zowel François als de andere honden.
Quando tornarono, Buck conosceva già i comandi chiave.
Toen ze terugkwamen, kende Buck de belangrijkste commando's al.
Imparò a fermarsi al suono della parola "oh" di François.
Hij leerde van François om te stoppen als er "ho" klonk.
Imparò quando era il momento di tirare la slitta e correre.
Hij leerde het toen hij de slee moest trekken en moest rennen.
Imparò a svoltare senza problemi nelle curve del sentiero.
Hij leerde om zonder problemen ruim te sturen in bochten.
Imparò anche a evitare Dave quando la slitta scendeva velocemente.
Hij leerde ook om Dave te ontwijken als de slee snel bergafwaarts ging.
"Sono cani molto buoni", disse orgoglioso François a Perrault.

"Het zijn hele goede honden", vertelde François trots aan Perrault.
"Quel Buck tira come un dannato, glielo insegno subito."
"Die Buck trekt als de hel - ik leer hem razendsnel."

Più tardi quel giorno, Perrault tornò con altri due husky.
Later die dag kwam Perrault terug met nog twee husky's.
Si chiamavano Billee e Joe ed erano fratelli.
Ze heetten Billee en Joe, en ze waren broers.
Provenivano dalla stessa madre, ma non erano affatto simili.
Ze hadden dezelfde moeder, maar leken totaal niet op elkaar.
Billee era un tipo dolce e molto amichevole con tutti.
Billee was aardig en heel vriendelijk tegen iedereen.
Joe era l'opposto: silenzioso, arrabbiato e sempre ringhiante.
Joe was het tegenovergestelde: stil, boos en altijd grommend.
Buck li salutò amichevolmente e si mantenne calmo con entrambi.
Buck begroette hen vriendelijk en bleef kalm tegen beiden.
Dave non prestò loro attenzione e rimase in silenzio come al solito.
Dave schonk er geen aandacht aan en bleef zoals gewoonlijk stil.
Spitz attaccò prima Billee, poi Joe, per dimostrare la sua superiorità.
Spitz viel eerst Billee aan en daarna Joe om zijn dominantie te tonen.
Billee scodinzolava e cercava di essere amichevole con Spitz.
Billee kwispelde met zijn staart en probeerde vriendelijk te zijn tegen Spitz.
Quando questo non funzionò, cercò di scappare.
Toen dat niet lukte, probeerde hij weg te rennen.
Pianse tristemente quando Spitz lo morse forte sul fianco.
Hij huilde verdrietig toen Spitz hem hard in zijn zij beet.
Ma Joe era molto diverso e si rifiutava di farsi prendere in giro.
Maar Joe was heel anders en weigerde gepest te worden.

Ogni volta che Spitz si avvicinava, Joe si girava velocemente per affrontarlo.
Elke keer dat Spitz dichterbij kwam, draaide Joe zich snel om om hem onder ogen te komen.
La sua pelliccia si drizzò, le sue labbra si arricciarono e i suoi denti schioccarono selvaggiamente.
Zijn vacht stond overeind, zijn lippen krulden en zijn tanden klappen wild op elkaar.
Gli occhi di Joe brillavano di paura e rabbia, sfidando Spitz a colpire.
Joe's ogen glinsterden van angst en woede en hij daagde Spitz uit om toe te slaan.
Spitz abbandonò la lotta e si voltò, umiliato e arrabbiato.
Spitz gaf de strijd op en draaide zich om, vernederd en boos.
Sfogò la sua frustrazione sul povero Billee e lo cacciò via.
Hij reageerde zijn frustratie af op de arme Billee en jaagde hem weg.
Quella sera Perrault aggiunse un altro cane alla squadra.
Die avond voegde Perrault nog een hond toe aan het team.
Questo cane era vecchio, magro e coperto di cicatrici di battaglia.
Deze hond was oud, mager en bedekt met littekens van de oorlog.
Gli mancava un occhio, ma l'altro brillava di potere.
Eén van zijn ogen was verdwenen, maar het andere oog straalde van kracht.
Il nome del nuovo cane era Solleks, che significa "l'Arrabbiato".
De naam van de nieuwe hond was Solleks, wat 'de Boze' betekent.
Come Dave, Solleks non chiedeva nulla agli altri e non dava nulla in cambio.
Net als Dave vroeg Solleks niets van anderen en gaf ook niets terug.
Quando Solleks entrò lentamente nell'accampamento, persino Spitz rimase lontano.

Toen Solleks langzaam het kamp binnenliep, bleef zelfs Spitz weg.

Aveva una strana abitudine che Buck ebbe la sfortuna di scoprire.

Hij had een vreemde gewoonte, maar Buck ontdekte dat tot zijn ongeluk.

Solleks detestava essere avvicinato dal lato in cui era cieco.

Solleks vond het vervelend om benaderd te worden aan de kant waar hij blind was.

Buck non lo sapeva e commise quell'errore per sbaglio.

Buck wist dit niet en maakte die fout per ongeluk.

Solleks si voltò di scatto e colpì la spalla di Buck in modo profondo e rapido.

Solleks draaide zich om en sneed met een diepe, snelle beweging in Bucks schouder.

Da quel momento in poi, Buck non si avvicinò mai più al lato cieco di Solleks.

Vanaf dat moment kwam Buck niet meer in de buurt van de blinde kant van Solleks.

Non ebbero mai più problemi per il resto del tempo che trascorsero insieme.

Ze hebben de rest van hun tijd samen nooit meer problemen gehad.

Solleks voleva solo essere lasciato solo, come il tranquillo Dave.

Solleks wilde alleen maar met rust gelaten worden, net als de stille Dave.

Ma Buck avrebbe scoperto in seguito che ognuno di loro aveva un altro obiettivo segreto.

Maar Buck zou later ontdekken dat ze allebei nog een ander geheim doel hadden.

Quella notte Buck si trovò ad affrontare una nuova e preoccupante sfida: come dormire.

Die nacht werd Buck geconfronteerd met een nieuwe en lastige uitdaging: hoe moest hij slapen?

La tenda era illuminata caldamente dalla luce delle candele nel campo innevato.

De tent gloeide warm met het kaarslicht op het besneeuwde veld.
Buck entrò, pensando che lì avrebbe potuto riposare come prima.
Buck liep naar binnen met het idee dat hij daar, net als voorheen, even kon uitrusten.
Ma Perrault e François gli urlarono contro e gli tirarono delle padelle.
Maar Perrault en François schreeuwden tegen hem en gooiden met pannen.
Sconvolto e confuso, Buck corse fuori nel freddo gelido.
Geschokt en verward rende Buck de vrieskou in.
Un vento gelido gli pungeva la spalla ferita e gli congelava le zampe.
Een scherpe wind prikte in zijn gewonde schouder en bevroor zijn poten.
Si sdraiò sulla neve e cercò di dormire all'aperto.
Hij ging in de sneeuw liggen en probeerde in de open lucht te slapen.
Ma il freddo lo costrinse presto a rialzarsi, tremando forte.
Maar door de kou moest hij al snel weer opstaan, terwijl hij hevig trilde.
Vagò per l'accampamento, cercando di trovare un posto più caldo.
Hij dwaalde door het kamp, op zoek naar een warmere plek.
Ma ogni angolo era freddo come quello precedente.
Maar elke hoek was nog steeds even koud als de vorige.
A volte dei cani feroci gli saltavano addosso dall'oscurità.
Soms sprongen wilde honden vanuit de duisternis op hem af.
Buck drizzò il pelo, scoprì i denti e ringhiò in tono ammonitore.
Buck zette zijn vacht overeind, ontblootte zijn tanden en gromde waarschuwend.
Lui stava imparando in fretta e gli altri cani si sono subito tirati indietro.
Hij leerde snel en de andere honden deinsden snel terug.

Tuttavia, non aveva un posto dove dormire e non aveva idea di cosa fare.
Maar hij had nog steeds geen slaapplaats en geen idee wat hij moest doen.
Alla fine gli venne in mente un pensiero: andare a dare un'occhiata ai suoi compagni di squadra.
Eindelijk kreeg hij een idee: hij moest eens kijken hoe het met zijn teamgenoten ging.
Ritornò nella loro zona e rimase sorpreso nel constatare che non c'erano più.
Hij keerde terug naar hun gebied en zag tot zijn verbazing dat ze verdwenen waren.
Cercò di nuovo nell'accampamento, ma ancora non riuscì a trovarli.
Hij doorzocht het kamp opnieuw, maar kon hen nog steeds niet vinden.
Sapeva che loro non potevano stare nella tenda, altrimenti ci sarebbe stato anche lui.
Hij wist dat ze niet in de tent konden zijn, want anders zou hij er ook zijn.
E allora, dove erano finiti tutti i cani in quell'accampamento ghiacciato?
Waar waren al die honden in dit bevroren kamp gebleven?
Buck, infreddolito e infelice, girò lentamente intorno alla tenda.
Buck, koud en ellendig, liep langzaam een rondje om de tent.
All'improvviso, le sue zampe anteriori sprofondarono nella neve soffice e lo spaventarono.
Opeens zakten zijn voorpoten in de zachte sneeuw en hij schrok.
Qualcosa si mosse sotto i suoi piedi e lui fece un salto indietro per la paura.
Er bewoog iets onder zijn voeten en hij deinsde angstig achteruit.
Ringhiava e ringhiava, non sapendo cosa si nascondesse sotto la neve.

Hij gromde en snauwde, zonder te weten wat er onder de sneeuw lag.

Poi udì un piccolo abbaio amichevole che placò la sua paura.

Toen hoorde hij een vriendelijk geblaf, dat zijn angst verminderde.

Annusò l'aria e si avvicinò per vedere cosa fosse nascosto.

Hij besnuffelde de lucht en kwam dichterbij om te zien wat er verborgen was.

Sotto la neve, rannicchiata in una calda palla, c'era la piccola Billee.

Onder de sneeuw, opgerold als een warm balletje, lag de kleine Billee.

Billee scodinzolò e leccò il muso di Buck per salutarlo.

Billee kwispelde met zijn staart en likte Bucks gezicht om hem te begroeten.

Buck vide come Billee si era costruito un posto per dormire nella neve.

Buck zag hoe Billee een slaapplaats in de sneeuw had gemaakt.

Aveva scavato e sfruttato il suo calore per scaldarsi.

Hij had gegraven en zijn eigen warmte gebruikt om warm te blijven.

Buck aveva imparato un'altra lezione: ecco come dormivano i cani.

Buck had nog een les geleerd: dit was hoe honden sliepen.

Scelse un posto e cominciò a scavare la sua buca nella neve.

Hij koos een plek uit en begon een gat in de sneeuw te graven.

All'inizio si muoveva troppo e sprecava energie.

In het begin bewoog hij te veel en verspilde hij energie.

Ma ben presto il suo corpo riscaldò lo spazio e si sentì al sicuro.

Maar al snel verwarmde zijn lichaam de ruimte en voelde hij zich veilig.

Si rannicchiò forte e poco dopo si addormentò profondamente.

Hij rolde zich op en viel al snel in een diepe slaap.

La giornata era stata lunga e dura e Buck era esausto.

Het was een lange en zware dag geweest en Buck was uitgeput.
Dormì profondamente e comodamente, anche se fece sogni selvaggi.
Hij sliep diep en comfortabel, hoewel zijn dromen wild waren.
Ringhiava e abbaiava nel sonno, contorcendosi mentre sognava.
Hij gromde en blafte in zijn slaap en draaide zich om terwijl hij droomde.

Buck non si svegliò finché l'accampamento non cominciò a prendere vita.
Buck werd pas wakker toen het kamp al tot leven kwam.
All'inizio non sapeva dove si trovasse o cosa fosse successo.
In eerste instantie wist hij niet waar hij was of wat er gebeurd was.
La neve era caduta durante la notte e aveva seppellito completamente il suo corpo.
In de nacht was er sneeuw gevallen en zijn lichaam was volledig bedekt.
La neve lo circondava, fitta su tutti i lati.
De sneeuw drukte zich om hem heen, aan alle kanten dicht.
All'improvviso un'ondata di paura percorse tutto il corpo di Buck.
Opeens voelde Buck een golf van angst door zijn hele lichaam gaan.
Era la paura di rimanere intrappolati, una paura che proveniva da istinti profondi.
Het was de angst om vast te zitten, een angst die voortkwam uit diepe instincten.
Sebbene non avesse mai visto una trappola, la paura era viva dentro di lui.
Ook al had hij nog nooit een val gezien, de angst leefde in hem.
Era un cane addomesticato, ma ora i suoi vecchi istinti selvaggi si stavano risvegliando.

Hij was een tamme hond, maar nu kwamen zijn oude wilde instincten weer naar boven.
I muscoli di Buck si irrigidirono e il pelo gli si rizzò su tutta la schiena.
Bucks spieren spanden zich aan en zijn vacht stond overeind.
Ringhiò furiosamente e balzò in piedi nella neve.
Hij gromde hevig en sprong recht omhoog door de sneeuw.
La neve volava in ogni direzione mentre lui irrompeva nella luce del giorno.
Terwijl hij het daglicht binnenstormde, vloog de sneeuw alle kanten op.
Ancora prima di atterrare, Buck vide l'accampamento disteso davanti a lui.
Nog voor de landing zag Buck het kamp voor zich liggen.
Ricordò tutto del giorno prima, tutto in una volta.
In één keer herinnerde hij zich alles van de vorige dag.
Ricordava di aver passeggiato con Manuel e di essere finito in quel posto.
Hij herinnerde zich dat hij met Manuel had rondgewandeld en dat hij op deze plek was beland.
Ricordava di aver scavato la buca e di essersi addormentato al freddo.
Hij herinnert zich dat hij het gat had gegraven en in de kou in slaap was gevallen.
Ora era sveglio e il mondo selvaggio intorno a lui era limpido.
Hij was nu wakker en zag de wilde wereld om hem heen helder.
Un grido di François annunciò l'improvvisa apparizione di Buck.
François juichte toen Buck plotseling verscheen.
"Cosa ho detto?" gridò a gran voce il conducente del cane a Perrault.
"Wat heb ik gezegd?" riep de hondenmenner luid naar Perrault.
"Quel Buck impara sicuramente in fretta", ha aggiunto François.

"Die Buck leert echt supersnel", voegde François toe.
Perrault annuì gravemente, visibilmente soddisfatto del risultato.
Perrault knikte ernstig. Hij was duidelijk tevreden met het resultaat.
In qualità di corriere del governo canadese, trasportava dispacci.
Als koerier voor de Canadese regering bezorgde hij berichten.
Era ansioso di trovare i cani migliori per la sua importante missione.
Hij wilde dolgraag de beste honden vinden voor zijn belangrijke missie.
Ora si sentiva particolarmente contento che Buck facesse parte della squadra.
Hij was vooral blij dat Buck nu deel uitmaakte van het team.
Nel giro di un'ora, alla squadra furono aggiunti altri tre husky.
Binnen een uur werden er nog drie husky's aan het team toegevoegd.
Ciò ha portato il numero totale dei cani della squadra a nove.
Daarmee kwam het totaal aantal honden in het team op negen.
Nel giro di quindici minuti tutti i cani erano imbracati.
Binnen vijftien minuten zaten alle honden in hun harnassen.
La squadra di slitte stava risalendo il sentiero verso Dyea Cañon.
Het sleeteam slingerde het pad op richting Dyea Cañon.
Buck era contento di andarsene, anche se il lavoro che lo attendeva era duro.
Buck was blij dat hij kon vertrekken, ook al was het werk dat hij moest doen zwaar.
Scoprì di non disprezzare particolarmente né il lavoro né il freddo.
Hij merkte dat hij het werk en de kou niet bepaald verafschuwde.
Fu sorpreso dall'entusiasmo che pervadeva tutta la squadra.
Hij was verrast door de enthousiasme van het hele team.

Ancora più sorprendente fu il cambiamento avvenuto in Dave e Solleks.
Nog verrassender was de verandering die Dave en Solleks ondergingen.
Questi due cani erano completamente diversi quando venivano imbrigliati.
Deze twee honden waren totaal verschillend toen ze in een tuig zaten.
La loro passività e la loro disattenzione erano completamente scomparse.
Hun passiviteit en onverschilligheid waren volledig verdwenen.
Erano attenti e attivi, desiderosi di svolgere bene il loro lavoro.
Ze waren alert en actief en wilden hun werk graag goed doen.
Si irritavano ferocemente per qualsiasi cosa provocasse ritardi o confusione.
Ze raakten hevig geïrriteerd bij alles wat vertraging of verwarring veroorzaakte.
Il duro lavoro sulle redini era il centro del loro intero essere.
Het harde werk aan de teugels was het middelpunt van hun hele bestaan.
Sembrava che l'unica cosa che gli piacesse davvero fosse tirare la slitta.
Het leek erop dat sleeën het enige was waar ze echt plezier in hadden.
Dave era in fondo al gruppo, il più vicino alla slitta.
Dave liep achterin de groep, het dichtst bij de slee.
Buck fu messo davanti a Dave e Solleks superò Buck.
Buck werd voor Dave geplaatst en Solleks werd voor Buck geplaatst.
Il resto dei cani era disposto in fila indiana davanti a loro.
De overige honden stonden in een lange rij voorop.
La posizione di testa in prima linea era occupata da Spitz.
De leidende positie aan het front werd ingevuld door Spitz.
Buck era stato messo tra Dave e Solleks per essere istruito.

Buck was tussen Dave en Solleks geplaatst om instructies te krijgen.
Lui imparava in fretta e gli insegnanti erano risoluti e capaci.
Hij leerde snel en de andere leraren waren streng en bekwaam.
Non permisero mai a Buck di restare a lungo nell'errore.
Ze hebben Buck nooit lang in een fout laten blijven.
Quando necessario, impartivano le lezioni con denti affilati.
Ze gaven hun lessen met scherpe tanden als dat nodig was.
Dave era giusto e dimostrava una saggezza pacata e seria.
Dave was eerlijk en toonde een rustige, serieuze soort wijsheid.
Non mordeva mai Buck senza una buona ragione.
Hij beet Buck nooit zonder goede reden.
Ma non mancava mai di mordere quando Buck aveva bisogno di essere corretto.
Maar hij bleef niet in gebreke met bijten als Buck gecorrigeerd moest worden.
La frusta di François era sempre pronta e sosteneva la loro autorità.
De whip van François stond altijd klaar en ondersteunde hun gezag.
Buck scoprì presto che era meglio obbedire che reagire.
Buck kwam er al snel achter dat het beter was om te gehoorzamen dan terug te vechten.
Una volta, durante un breve riposo, Buck rimase impigliato nelle redini.
Een keer, tijdens een korte rustperiode, raakte Buck verstrikt in de teugels.
Ritardò la partenza e confuse i movimenti della squadra.
Hij vertraagde de start en bracht de bewegingen van het team in de war.
Dave e Solleks si avventarono su di lui e lo picchiarono duramente.
Dave en Solleks vlogen op hem af en gaven hem een flink pak slaag.

La situazione peggiorò ulteriormente, ma Buck imparò bene la lezione.
De situatie werd alleen maar erger, maar Buck leerde zijn lesje.
Da quel momento in poi tenne le redini tese e lavorò con attenzione.
Vanaf dat moment hield hij de teugels strak en ging hij nauwkeurig te werk.
Prima che la giornata finisse, Buck aveva portato a termine gran parte del suo compito.
Voor het einde van de dag had Buck het grootste deel van zijn taak onder de knie.
I suoi compagni di squadra quasi smisero di correggerlo o di morderlo.
Zijn teamgenoten stopten bijna met hem te corrigeren of te bijten.
La frusta di François schioccava nell'aria sempre meno spesso.
De zweep van François knalde steeds minder vaak door de lucht.
Perrault sollevò addirittura i piedi di Buck ed esaminò attentamente ogni zampa.
Perrault tilde zelfs Bucks voeten op en onderzocht zorgvuldig elke poot.
Era stata una giornata di corsa dura, lunga ed estenuante per tutti loro.
Het was een zware dag hardlopen geweest, lang en uitputtend voor hen allemaal.
Risalirono il Cañon, attraversarono Sheep Camp e superarono le Scales.
Ze reisden door de Cañon, door Sheep Camp en langs de Scales.
Superarono il limite della vegetazione arborea, poi ghiacciai e cumuli di neve alti diversi metri.
Ze passeerden de boomgrens en vervolgens gletsjers en metersdikke sneeuwduinen.
Scalarono il grande e freddo Chilkoot Divide.

Ze beklommen de grote, koude en onherbergzame Chilkoot Divide.
Quella cresta elevata si ergeva tra l'acqua salata e l'interno ghiacciato.
Die hoge bergrug lag tussen het zoute water en het bevroren binnenland.
Le montagne custodivano il triste e solitario Nord con ghiaccio e ripide salite.
De bergen bewaakten het trieste en eenzame Noorden met ijs en steile hellingen.
Scesero rapidamente lungo una lunga catena di laghi sotto la dorsale.
Ze maakten goede vorderingen in een lange keten van meren beneden de waterscheiding.
Questi laghi riempivano gli antichi crateri di vulcani spenti.
Deze meren vulden de oude kraters van uitgedoofde vulkanen.
Quella notte tardi raggiunsero un grande accampamento presso il lago Bennett.
Laat die nacht bereikten ze een groot kamp bij Lake Bennett.
Migliaia di cercatori d'oro erano lì, intenti a costruire barche per la primavera.
Duizenden goudzoekers waren daar bezig boten te bouwen voor de lente.
Il ghiaccio si sarebbe presto rotto e dovevano essere pronti.
Het ijs zou binnenkort breken, dus ze moesten voorbereid zijn.
Buck scavò la sua buca nella neve e cadde in un sonno profondo.
Buck groef een gat in de sneeuw en viel in een diepe slaap.
Dormiva come un lavoratore, esausto dopo una dura giornata di lavoro.
Hij sliep als een arbeider, uitgeput van een dag hard werken.
Ma venne strappato al sonno troppo presto, nell'oscurità.
Maar al te vroeg in de duisternis werd hij uit zijn slaap gerukt.
Fu nuovamente imbrigliato insieme ai suoi compagni e attaccato alla slitta.

Hij werd weer met zijn maten ingespannen en aan de slee vastgemaakt.
Quel giorno percorsero quaranta miglia, perché la neve era ben calpestata.
Die dag legden ze ruim 65 kilometer af, omdat er veel sneeuw lag.
Il giorno dopo, e per molti giorni a seguire, la neve era soffice.
De volgende dag, en nog vele dagen daarna, was de sneeuw zacht.
Dovettero farsi strada da soli, lavorando di più e muovendosi più lentamente.
Ze moesten het pad zelf aanleggen. Hiervoor moesten ze harder werken en langzamer bewegen.
Di solito, Perrault camminava davanti alla squadra con le ciaspole palmate.
Normaal gesproken liep Perrault met zwemvliezen op sneeuwschoenen voorop.
I suoi passi compattavano la neve, facilitando lo spostamento della slitta.
Door zijn stappen drukte hij de sneeuw aan, waardoor de slee makkelijker voortbewoog.
François, che era al timone della barca a vela, a volte prendeva il comando.
François, die vanaf de stuurknuppel aan het roer stond, nam soms de controle over.
Ma era raro che François prendesse l'iniziativa
Maar het was zeldzaam dat François de leiding nam
perché Perrault aveva fretta di consegnare le lettere e i pacchi.
omdat Perrault haast had om de brieven en pakketten te bezorgen.
Perrault era orgoglioso della sua conoscenza della neve, e in particolare del ghiaccio.
Perrault was trots op zijn kennis van sneeuw en vooral van ijs.
Questa conoscenza era essenziale perché il ghiaccio autunnale era pericolosamente sottile.

Die kennis was essentieel, omdat het herfstijs gevaarlijk dun was.
Dove l'acqua scorreva rapidamente sotto la superficie non c'era affatto ghiaccio.
Waar het water snel onder het oppervlak stroomde, was er helemaal geen ijs.

Giorno dopo giorno, la stessa routine si ripeteva senza fine.
Dag in, dag uit, dezelfde routine, eindeloos herhaald.
Buck lavorava senza sosta con le redini, dall'alba alla sera.
Buck zwoegde eindeloos aan de teugels, van 's ochtends vroeg tot 's avonds laat.
Lasciarono l'accampamento al buio, molto prima che sorgesse il sole.
Ze verlieten het kamp in het donker, lang voordat de zon opkwam.
Quando spuntò l'alba, avevano già percorso molti chilometri.
Toen het daglicht aanbrak, hadden ze al vele kilometers afgelegd.
Si accamparono dopo il tramonto, mangiando pesce e scavando buche nella neve.
Ze zetten hun kamp op nadat het donker was geworden. Ze aten vis en groeven zich in de sneeuw.
Buck era sempre affamato e non era mai veramente soddisfatto della sua razione.
Buck had altijd honger en was nooit echt tevreden met zijn rantsoen.
Riceveva ogni giorno mezzo chilo di salmone essiccato.
Hij kreeg elke dag 650 gram gedroogde zalm.
Ma il cibo sembrò svanire dentro di lui, lasciandogli solo la fame.
Maar het eten leek in hem te verdwijnen, en de honger bleef achter.
Soffriva di continui morsi della fame e sognava di avere più cibo.
Hij had voortdurend honger en droomde van meer eten.

Gli altri cani hanno ricevuto solo mezzo chilo di cibo, ma sono rimasti forti.
De andere honden kregen maar een pond eten, maar ze bleven sterk.
Erano più piccoli ed erano nati in una società nordica.
Ze waren kleiner en geboren in het noordelijke leven.
Perse rapidamente la pignoleria che aveva caratterizzato la sua vecchia vita.
Hij verloor al snel de nauwgezetheid die zijn oude leven kenmerkte.
Fino a quel momento era stato un mangiatore prelibato, ma ora non gli era più possibile.
Vroeger was hij een kieskeurige eter, maar dat was nu niet meer mogelijk.
I suoi compagni arrivarono primi e gli rubarono la razione rimasta.
Zijn kameraden waren als eerste klaar en beroofden hem van zijn restjes proviand.
Una volta cominciati, non c'era più modo di difendere il cibo da loro.
Toen ze eenmaal begonnen, kon hij zijn eten niet meer tegen hen verdedigen.
Mentre lui lottava contro due o tre cani, gli altri rubarono il resto.
Terwijl hij met twee of drie honden vocht, stalen de anderen de rest.
Per risolvere il problema, cominciò a mangiare velocemente come mangiavano gli altri.
Om dit te verhelpen, begon hij net zo snel te eten als de anderen.
La fame lo spingeva così forte che arrivò persino a prendere del cibo non suo.
De honger dreef hem zo erg dat hij zelfs voedsel nam dat niet van hem was.
Osservò gli altri e imparò rapidamente dalle loro azioni.
Hij observeerde de anderen en leerde snel van hun daden.

Vide Pike, un nuovo cane, rubare una fetta di pancetta a Perrault.
Hij zag hoe Pike, een nieuwe hond, een plak spek van Perrault stal.
Pike aveva aspettato che Perrault gli voltasse le spalle per rubare la pagnotta.
Pike had gewacht tot Perrault zijn rug had toegekeerd om het spek te stelen.
Il giorno dopo, Buck copiò Pike e rubò l'intero pezzo.
De volgende dag kopieerde Buck het voorbeeld van Pike en stal het hele stuk.
Seguì un gran tumulto, ma Buck non fu sospettato.
Er ontstond een groot tumult, maar Buck werd niet verdacht.
Al suo posto venne punito Dub, un cane goffo che veniva sempre beccato.
In plaats daarvan werd Dub, een onhandige hond die altijd werd betrapt, gestraft.
Quel primo furto fece di Buck un cane adatto a sopravvivere al Nord.
Die eerste diefstal maakte van Buck een hond die in het Noorden kon overleven.
Ha dimostrato di sapersi adattare alle nuove condizioni e di saper imparare rapidamente.
Hij liet zien dat hij zich aan nieuwe omstandigheden kon aanpassen en snel kon leren.
Senza tale adattabilità, sarebbe morto rapidamente e gravemente.
Zonder dit aanpassingsvermogen zou hij snel en ernstig zijn gestorven.
Segnò anche il crollo della sua natura morale e dei suoi valori passati.
Het betekende ook de teloorgang van zijn morele aard en zijn vroegere waarden.
Nel Southland aveva vissuto secondo la legge dell'amore e della gentilezza.
In het Zuiden leefde hij volgens de wet van liefde en vriendelijkheid.

Lì aveva senso rispettare la proprietà e i sentimenti degli altri cani.
Daar was het zinvol om respect te hebben voor eigendommen en de gevoelens van andere honden.
Ma i Northland seguivano la legge del bastone e la legge della zanna.
Maar in het Noorden golden de wetten van de knots en de wetten van de slagtanden.
Chiunque rispettasse i vecchi valori era uno sciocco e avrebbe fallito.
Wie hier de oude waarden zou respecteren, was dwaas en zou falen.
Buck non rifletté su tutto questo nella sua mente.
Buck had dit allemaal niet in zijn hoofd bedacht.
Era in forma e quindi si adattò senza pensarci due volte.
Hij was fit en paste zich aan zonder erbij na te denken.
In tutta la sua vita non era mai fuggito da una rissa.
Hij was zijn hele leven nog nooit voor een gevecht weggelopen.
Ma la mazza di legno dell'uomo con il maglione rosso cambiò la regola.
Maar de houten knuppel van de man in de rode trui veranderde die regel.
Ora seguiva un codice più profondo e antico, inscritto nel suo essere.
Nu volgde hij een diepere, oudere code die in zijn wezen geschreven was.
Non rubava per piacere, ma per il dolore della fame.
Hij stal niet uit genot, maar uit pijn, veroorzaakt door honger.
Non rubava mai apertamente, ma rubava con astuzia e attenzione.
Hij roofde nooit openlijk, maar stal met list en zorg.
Agì per rispetto verso la clava di legno e per paura delle zanne.
Hij handelde uit respect voor de houten knuppel en uit angst voor de slagtand.
In breve, ha fatto ciò che era più facile e sicuro che non farlo.

Kortom, hij deed wat gemakkelijker en veiliger was dan het niet doen.

Il suo sviluppo, o forse il suo ritorno ai vecchi istinti, fu rapido.

Zijn ontwikkeling, of misschien zijn terugkeer naar oude instincten, verliep snel.

I suoi muscoli si indurirono fino a diventare forti come il ferro.

Zijn spieren werden harder, totdat ze zo sterk aanvoelden als ijzer.

Non gli importava più del dolore, a meno che non fosse grave.

Pijn kon hem niet meer schelen, tenzij het ernstig was.

Divenne efficiente dentro e fuori, senza sprecare nulla.

Hij werd zowel van binnen als van buiten efficiënt en verspilde helemaal niets.

Poteva mangiare cose disgustose, marce o difficili da digerire.

Hij kon dingen eten die vies, rot of moeilijk te verteren waren.

Qualunque cosa mangiasse, il suo stomaco ne sfruttava ogni singolo pezzetto di valore.

Wat hij ook at, zijn maag gebruikte het laatste restje waardevolle voedsel.

Il suo sangue trasportava i nutrienti in tutto il suo potente corpo.

Zijn bloed transporteerde de voedingsstoffen door zijn krachtige lichaam.

Ciò gli ha permesso di sviluppare tessuti forti che gli hanno conferito un'incredibile resistenza.

Hierdoor ontwikkelde hij sterke weefsels die hem een ongelooflijk uithoudingsvermogen gaven.

La sua vista e il suo olfatto diventarono molto più sensibili di prima.

Zijn zicht en reukvermogen werden veel gevoeliger dan voorheen.

Il suo udito diventò così acuto che riusciva a percepire anche i suoni più deboli durante il sonno.

Zijn gehoor werd zo scherp dat hij in zijn slaap zelfs zwakke geluiden kon waarnemen.
Nei sogni sapeva se quei suoni significavano sicurezza o pericolo.
In zijn dromen wist hij of de geluiden veiligheid of gevaar betekenden.
Imparò a mordere con i denti il ghiaccio tra le dita dei piedi.
Hij leerde met zijn tanden het ijs tussen zijn tenen te bijten.
Se una pozza d'acqua si ghiacciava, lui rompeva il ghiaccio con le gambe.
Als een waterpoel dichtvroor, brak hij het ijs met zijn benen.
Si impennò e colpì duramente il ghiaccio con gli arti anteriori rigidi.
Hij steigerde en sloeg met zijn stijve voorste ledematen hard op het ijs.
La sua abilità più sorprendente era quella di prevedere i cambiamenti del vento durante la notte.
Zijn meest opvallende talent was het voorspellen van veranderingen in de wind gedurende de nacht.
Anche quando l'aria era immobile, sceglieva luoghi riparati dal vento.
Zelfs als het windstil was, zocht hij een plek uit waar hij beschut tegen de wind lag.
Ovunque scavasse il nido, il vento del giorno dopo lo superava.
Waar hij ook zijn nest groef, de volgende dag waaide de wind aan hem voorbij.
Alla fine si ritrovava sempre al sicuro e protetto, al riparo dal vento.
Hij kwam altijd beschut en knus terecht, uit de wind.
Buck non solo imparò dall'esperienza: anche il suo istinto tornò.
Buck leerde niet alleen door ervaring, ook zijn instincten kwamen terug.
Le abitudini delle generazioni addomesticate cominciarono a scomparire.

De gewoonten van de gedomesticeerde generaties begonnen te verdwijnen.

Ricordava vagamente i tempi antichi della sua razza.

Op een vage manier herinnerde hij zich de oude tijden van zijn ras.

Ripensò a quando i cani selvatici correvano in branco nelle foreste.

Hij dacht terug aan de tijd dat wilde honden in roedels door de bossen renden.

Avevano inseguito e ucciso la loro preda mentre la inseguivano.

Ze hadden hun prooi achtervolgd en gedood terwijl ze erop jaagden.

Per Buck fu facile imparare a combattere con forza e velocità.

Voor Buck was het gemakkelijk om te leren vechten met hand en tand.

Come i suoi antenati, usava tagli, squarci e schiocchi rapidi.

Hij maakte net als zijn voorouders gebruik van snij- en snitten en snelle knipbewegingen.

Quegli antenati si risvegliarono in lui e risvegliarono la sua natura selvaggia.

Deze voorouders kwamen in hem tot leven en wekten zijn wilde natuur.

Le loro vecchie abilità gli erano state trasmesse attraverso la linea di sangue.

Hun oude vaardigheden waren via de bloedlijn aan hem doorgegeven.

Ora i loro trucchi erano suoi, senza bisogno di pratica o sforzo.

Hij kon nu zijn trucs uitvoeren, zonder dat hij er enige oefening of moeite voor hoefde te doen.

Nelle notti fredde e tranquille, Buck sollevava il naso e ululò.

Op windstille, koude nachten hief Buck zijn neus op en huilde.

Ululò a lungo e profondamente, come facevano i lupi tanto tempo fa.

Hij huilde lang en diep, zoals wolven dat lang geleden deden.
Attraverso di lui, i suoi antenati defunti puntarono il naso e ululararono.
Via hem spitsten zijn overleden voorouders hun neuzen en huilden.
Hanno ululato attraverso i secoli con la sua voce e la sua forma.
Ze huilden door de eeuwen heen met zijn stem en gedaante.
Le sue cadenze erano le loro, vecchi gridi che parlavano di dolore e di freddo.
Zijn cadans was de hunne, oude kreten die verdriet en kou uitdrukten.
Cantavano dell'oscurità, della fame e del significato dell'inverno.
Ze zongen over duisternis, over honger en de betekenis van de winter.
Buck ha dimostrato come la vita sia plasmata da forze che vanno oltre noi stessi,
Buck bewees hoe het leven wordt gevormd door krachten buiten jezelf,
l'antico canto risuonò nelle vene di Buck e si impadronì della sua anima.
het oude lied klonk door Buck heen en nam bezit van zijn ziel.
Ritrovò se stesso perché gli uomini avevano trovato l'oro nel Nord.
Hij vond zichzelf terug omdat men in het Noorden goud had gevonden.
E lo trovò perché Manuel, l'aiutante giardiniere, aveva bisogno di soldi.
En hij vond zichzelf terug, want Manuel, het hulpje van de tuinman, had geld nodig.

La Bestia Primordiale Dominante
Het dominante oerbeest

La bestia primordiale dominante era più forte che mai in Buck.
Het dominante oerbeest was in Buck nog steeds even sterk.
Ma la bestia primordiale dominante era rimasta dormiente in lui.
Maar het dominante oerbeest sluimerde in hem.
La vita sui sentieri era dura, ma rafforzava la bestia che era in Buck.
Het leven op de trail was hard, maar het sterkte Buck in zijn kracht.
Segretamente la bestia diventava sempre più forte ogni giorno.
In het geheim werd het beest elke dag sterker en sterker.
Ma quella crescita interiore è rimasta nascosta al mondo esterno.
Maar die innerlijke groei bleef voor de buitenwereld verborgen.
Una forza primordiale calma e silenziosa si stava formando dentro Buck.
Er ontstond een stille en kalme oerkracht in Buck.
Una nuova astuzia diede a Buck equilibrio, calma e compostezza.
Door zijn nieuwe sluwheid kreeg Buck evenwicht, kalmte en beheerstheid.
Buck si concentrò molto sull'adattamento, senza mai sentirsi completamente rilassato.
Buck concentreerde zich vooral op aanpassing en voelde zich nooit helemaal ontspannen.
Evitava i conflitti, non iniziava mai litigi e non cercava mai guai.
Hij vermeed conflicten, begon nooit gevechten en zocht nooit problemen.
Ogni mossa di Buck era scandita da una riflessione lenta e costante.

Een langzame, constante overweging bepaalde elke beweging van Buck.
Evitava scelte avventate e decisioni improvvise e sconsiderate.
Hij vermeed overhaaste keuzes en plotselinge, roekeloze beslissingen.
Sebbene Buck odiasse profondamente Spitz, non gli mostrò alcuna aggressività.
Hoewel Buck Spitz enorm haatte, toonde hij hem geen enkele agressie.
Buck non provocò mai Spitz e mantenne le sue azioni moderate.
Buck provoceerde Spitz nooit en hield zich ingetogen.
Spitz, d'altro canto, percepì il pericolo crescente in Buck.
Spitz voelde daarentegen het groeiende gevaar bij Buck.
Vedeva Buck come una minaccia e una seria sfida al suo potere.
Hij zag Buck als een bedreiging en een serieuze uitdaging voor zijn macht.
Coglieva ogni occasione per ringhiare e mostrare i suoi denti aguzzi.
Hij greep elke kans aan om te grommen en zijn scherpe tanden te laten zien.
Stava cercando di dare inizio allo scontro mortale che sarebbe dovuto avvenire.
Hij probeerde het dodelijke gevecht dat zou volgen, te beginnen.
All'inizio del viaggio, tra loro scoppiò quasi una lite.
Al vroeg tijdens de reis ontstond er bijna een gevecht tussen hen.
Ma un incidente inaspettato impedì che il combattimento avesse luogo.
Maar door een onverwacht ongeluk ging het gevecht niet door.
Quella sera si accamparono sul gelido lago Le Barge.
Die avond zetten ze hun kamp op bij het ijskoude meer van Le Barge.

La neve cadeva fitta e il vento era tagliente come una lama.
Het sneeuwde pijpenstelen en de wind sneed als een mes.
La notte era scesa troppo in fretta e l'oscurità li aveva avvolti.
De nacht was veel te snel gevallen en het werd donker om hen heen.
Difficilmente avrebbero potuto scegliere un posto peggiore per riposare.
Een slechtere plek om te rusten hadden ze zich nauwelijks kunnen wensen.
I cani cercavano disperatamente un posto dove sdraiarsi.
De honden zochten wanhopig naar een plek om te liggen.
Dietro il piccolo gruppo si ergeva un'alta parete rocciosa.
Achter het kleine groepje verrees een hoge rotswand.
Per alleggerire il carico, la tenda era stata lasciata a Dyea.
De tent was in Dyea achtergelaten om de last te verlichten.
Non avevano altra scelta che accendere il fuoco direttamente sul ghiaccio.
Ze hadden geen andere keus dan het vuur op het ijs zelf te maken.
Stendevano i loro accappatoi direttamente sul lago ghiacciato.
Ze spreiden hun slaapkleedjes rechtstreeks op het bevroren meer uit.
Qualche pezzo di legno galleggiante dava loro un po' di fuoco.
Een paar stukken drijfhout gaven hen een beetje vuur.
Ma il fuoco è stato acceso sul ghiaccio e attraverso di esso si è scongelato.
Maar het vuur ontstond op het ijs en ontdooide erdoorheen.
Alla fine cenarono al buio.
Uiteindelijk aten ze in het donker hun avondeten.
Buck si rannicchiò accanto alla roccia, al riparo dal vento freddo.
Buck krulde zich op naast de rots, beschut tegen de koude wind.
Il posto era così caldo e sicuro che Buck non voleva andarsene.

Het was er zo warm en veilig dat Buck het vreselijk vond om weg te gaan.

Ma François aveva scaldato il pesce e stava distribuendo le razioni.

Maar François had de vis opgewarmd en was bezig met het uitdelen van rantsoenen.

Buck finì di mangiare in fretta e tornò a letto.

Buck at snel verder en ging terug naar bed.

Ma Spitz ora giaceva dove Buck aveva preparato il suo letto.

Maar Spitz lag nu waar Buck zijn bed had gemaakt.

Un ringhio basso avvertì Buck che Spitz si rifiutava di muoversi.

Een zacht gegrom waarschuwde Buck dat Spitz weigerde te bewegen.

Finora Buck aveva evitato lo scontro con Spitz.

Tot nu toe had Buck dit gevecht met Spitz vermeden.

Ma nel profondo di Buck la bestia alla fine si liberò.

Maar diep van binnen, diep in Buck, brak het beest uiteindelijk los.

Il furto del suo posto letto era troppo da tollerare.

De diefstal van zijn slaapplaats was ondraaglijk.

Buck si lanciò contro Spitz, pieno di rabbia e furore.

Buck stortte zich op Spitz, vol woede en razernij.

Fino a quel momento Spitz aveva pensato che Buck fosse solo un grosso cane.

Tot nu toe had Spitz gedacht dat Buck gewoon een grote hond was.

Non pensava che Buck fosse sopravvissuto grazie al suo spirito.

Hij geloofde niet dat Buck het alleen had overleefd dankzij zijn geest.

Si aspettava paura e codardia, non furia e vendetta.

Hij verwachtte angst en lafheid, geen woede en wraak.

François rimase a guardare mentre entrambi i cani schizzavano fuori dal nido in rovina.

François keek toe hoe beide honden uit het verwoeste nest sprongen.

Capì subito cosa aveva scatenato quella violenta lotta.
Hij begreep meteen wat de aanleiding was geweest voor deze wilde strijd.
"Aa-ah!" gridò François in sostegno del cane marrone.
"Aa-ah!" riep François ter ondersteuning van de bruine hond.
"Dategli una bella lezione! Per Dio, punite quel ladro furbo!"
"Geef hem een pak slaag! Bij God, straf die sluwe dief!"
Spitz dimostrò altrettanta prontezza e fervore nel combattere.
Spitz toonde evenveel bereidheid als een groot enthousiasme om te vechten.
Gridò di rabbia mentre girava velocemente in tondo, cercando un varco.
Hij schreeuwde het uit van woede, terwijl hij snel rondjes draaide, op zoek naar een opening.
Buck mostrò la stessa fame di combattere e la stessa cautela.
Buck toonde dezelfde vechtlust en dezelfde voorzichtigheid.
Anche lui girò intorno al suo avversario, cercando di avere la meglio nella battaglia.
Ook hij omsingelde zijn tegenstander en probeerde zo de overhand te krijgen in de strijd.
Poi accadde qualcosa di inaspettato e cambiò tutto.
Toen gebeurde er iets onverwachts en veranderde alles.
Quel momento ritardò l'eventuale lotta per la leadership.
Dat moment zorgde ervoor dat de uiteindelijke strijd om het leiderschap werd uitgesteld.
Ci sarebbero ancora molti chilometri di sentiero e di lotta da percorrere prima della fine.
Er wachtten nog vele kilometers aan paden en strijd voordat het einde nabij was.
Perrault urlò un'imprecazione mentre una mazza colpiva l'osso.
Perrault schreeuwde een vloek terwijl een knuppel tegen een bot sloeg.
Seguì un acuto grido di dolore, poi il caos esplose tutt'intorno.

Er volgde een scherpe pijnkreet, waarna er overal chaos ontstond.
Forme scure si muovevano nell'accampamento: husky selvatici, affamati e feroci.
In het kamp waren donkere gedaantes te zien; wilde husky's, uitgehongerd en woest.
Quattro o cinque dozzine di husky avevano fiutato l'accampamento da molto lontano.
Vier of vijf dozijn husky's hadden het kamp al van veraf besnuffeld.
Si erano introdotti furtivamente mentre i due cani litigavano lì vicino.
Ze waren stilletjes naar binnen geslopen, terwijl de twee honden in de buurt aan het vechten waren.
François e Perrault si lanciarono all'attacco, colpendo con i manganelli gli invasori.
François en Perrault stormden naar de indringers en zwaaiden met hun knuppels.
Gli husky affamati mostrarono i denti e si dibatterono freneticamente.
De uitgehongerde husky's lieten hun tanden zien en vochten woest terug.
L'odore della carne e del pane li aveva fatti superare ogni paura.
De geur van vlees en brood had alle angst overwonnen.
Perrault picchiò un cane che aveva nascosto la testa nella buca delle vivande.
Perrault sloeg een hond die zijn kop in de voedselbak had begraven.
Il colpo fu violento e la scatola si ribaltò, facendo fuoriuscire il cibo.
De klap kwam hard aan, de doos kantelde en het eten viel eruit.
Nel giro di pochi secondi, una ventina di bestie feroci si avventarono sul pane e sulla carne.
Binnen enkele seconden werd het brood en het vlees door tientallen wilde dieren verscheurd.

I bastoni degli uomini sferrarono un colpo dopo l'altro, ma nessun cane si allontanò.
De knuppels van de mannen deelden de ene na de andere klap uit, maar geen enkele hond keerde zich om.
Urlavano di dolore, ma continuarono a lottare finché non rimase più cibo.
Ze huilden van de pijn, maar vochten tot er geen eten meer over was.
Nel frattempo i cani da slitta erano saltati giù dalle loro culle innevate.
Ondertussen waren de sledehonden uit hun besneeuwde bedden gesprongen.
Furono immediatamente attaccati dai feroci e affamati husky.
Ze werden onmiddellijk aangevallen door de gevaarlijke, hongerige husky's.
Buck non aveva mai visto prima creature così selvagge e affamate.
Buck had nog nooit zulke wilde en uitgehongerde wezens gezien.
La loro pelle pendeva flaccida, nascondendo a malapena lo scheletro.
Hun huid hing los en bedekte nauwelijks hun skelet.
C'era un fuoco nei loro occhi, per fame e follia
Er was vuur in hun ogen, van honger en waanzin
Non c'era modo di fermarli, di resistere al loro assalto selvaggio.
Er was geen houden meer aan, geen weerstand te bieden aan hun woeste aanval.
I cani da slitta vennero spinti indietro e premuti contro la parete della scogliera.
De sledehonden werden achteruit geduwd en tegen de rotswand gedrukt.
Tre husky attaccarono Buck contemporaneamente, lacerandogli la carne.
Drie husky's vielen Buck tegelijk aan en scheurden zijn vlees open.

Il sangue gli colava dalla testa e dalle spalle, dove era stato tagliato.
Bloed stroomde uit zijn hoofd en schouders, waar hij was gesneden.
Il rumore riempì l'accampamento: ringhi, guaiti e grida di dolore.
Het lawaai vulde het kamp: gegrom, gejank en kreten van pijn.
Billee pianse forte, come al solito, presa dal panico e dalla mischia.
Billee huilde luid, zoals gewoonlijk, omdat ze midden in de strijd en in paniek raakte.
Dave e Solleks rimasero fianco a fianco, sanguinanti ma con aria di sfida.
Dave en Solleks stonden naast elkaar, bloedend maar uitdagend.
Joe lottava come un demonio, mordendo tutto ciò che gli si avvicinava.
Joe vocht als een duivel en beet alles wat in de buurt kwam.
Con un violento schiocco di mascelle schiacciò la zampa di un husky.
Hij verbrijzelde de poot van een husky met één brute klap van zijn kaken.
Pike saltò sull'husky ferito e gli ruppe il collo all'istante.
Pike sprong op de gewonde husky en brak onmiddellijk zijn nek.
Buck afferrò un husky per la gola e gli strappò la vena.
Buck greep een husky bij de keel en sneed de ader open.
Il sangue schizzò e il sapore caldo mandò Buck in delirio.
Het bloed spoot en de warme smaak zorgde ervoor dat Buck helemaal in extase raakte.
Si lanciò contro un altro aggressore senza esitazione.
Zonder aarzelen stortte hij zich op een andere aanvaller.
Nello stesso momento, denti aguzzi si conficcarono nella gola di Buck.
Op hetzelfde moment drongen scherpe tanden Buck's keel binnen.

Spitz aveva colpito di lato, attaccando senza preavviso.
Spitz had vanaf de zijkant toegeslagen, zonder waarschuwing.
Perrault e François avevano sconfitto i cani rubando il cibo.
Perrault en François hadden de honden verslagen die het eten stalen.
Ora si precipitarono ad aiutare i loro cani a respingere gli aggressori.
Nu snelden ze toe om hun honden te helpen de aanvallers te verslaan.
I cani affamati si ritirarono mentre gli uomini roteavano i loro manganelli.
De uitgehongerde honden trokken zich terug terwijl de mannen met hun knuppels zwaaiden.
Buck riuscì a liberarsi dall'attacco, ma la fuga fu breve.
Buck ontsnapte aan de aanval, maar de ontsnapping was van korte duur.
Gli uomini corsero a salvare i loro cani e gli husky tornarono ad attaccarli.
De mannen renden om hun honden te redden, en de husky's zwermden opnieuw.
Billee, spaventato e coraggioso, si lanciò nel branco di cani.
Billee, door angst in het nauw gedreven, sprong in de roedel honden.
Ma poi fuggì attraverso il ghiaccio, in preda al terrore e al panico.
Maar toen vluchtte hij over het ijs, in pure angst en paniek.
Pike e Dub li seguirono da vicino, correndo per salvarsi la vita.
Pike en Dub volgden hen op de voet, rennend voor hun leven.
Il resto della squadra si disperse e li inseguì.
De rest van het team verspreidde zich en ging hen achterna.
Buck raccolse le forze per correre, ma poi vide un lampo.
Buck verzamelde al zijn kracht om te rennen, maar toen zag hij een flits.
Spitz si lanciò verso Buck, cercando di buttarlo a terra.
Spitz sprong naar Buck toe en probeerde hem op de grond te slaan.

Sotto quella banda di husky, Buck non avrebbe avuto scampo.
Buck had geen ontsnappingsmogelijkheid onder die horde husky's.
Ma Buck rimase fermo e si preparò al colpo di Spitz.
Maar Buck bleef standvastig en bereidde zich voor op de klap van Spitz.
Poi si voltò e corse sul ghiaccio con la squadra in fuga.
Toen draaide hij zich om en rende met het vluchtende team het ijs op.

Più tardi i nove cani da slitta si radunarono al riparo del bosco.
Later verzamelden de negen sledehonden zich in de beschutting van het bos.
Nessuno li inseguiva più, ma erano malconci e feriti.
Niemand achtervolgde hen meer, maar ze raakten mishandeld en gewond.
Ogni cane presentava delle ferite: quattro o cinque tagli profondi su ogni corpo.
Elke hond had wonden; vier of vijf diepe snijwonden op elk lichaam.
Dub aveva una zampa posteriore ferita e ora faceva fatica a camminare.
Dub had een geblesseerde achterpoot en had moeite met lopen.
Dolly, l'ultimo cane arrivato da Dyea, aveva la gola tagliata.
Dolly, de nieuwste hond uit Dyea, had een doorgesneden keel.
Joe aveva perso un occhio e l'orecchio di Billee era stato tagliato a pezzi
Joe had een oog verloren en Billee's oor was in stukken gesneden
Tutti i cani piansero per il dolore e la sconfitta durante la notte.
Alle honden schreeuwden de hele nacht van de pijn en verslagenheid.

All'alba tornarono lentamente all'accampamento, doloranti e distrutti.
Bij zonsopgang slopen ze terug naar het kamp, gehavend en gebroken.
Gli husky erano scomparsi, ma il danno era fatto.
De husky's waren verdwenen, maar de schade was al aangericht.
Perrault e François erano di pessimo umore e osservavano le rovine.
Perrault en François stonden in boze bui boven de ruïne.
Metà del cibo era sparito, rubato dai ladri affamati.
De helft van het eten was verdwenen, meegenomen door hongerige dieven.
Gli husky avevano strappato le corde e la tela della slitta.
De husky's hadden de bindingen van de slee en het canvas gescheurd.
Tutto ciò che aveva odore di cibo era stato divorato completamente.
Alles wat ook maar enigszins naar eten rook, was volledig opgegeten.
Mangiarono un paio di stivali da viaggio in pelle di alce di Perrault.
Ze aten een paar elandenleren reislaarzen van Perrault op.
Hanno masticato le pelli e rovinato i cinturini rendendoli inutilizzabili.
Ze kauwden op leren riemen en maakten deze onbruikbaar.
François smise di fissare la frusta strappata per controllare i cani.
François stopte met staren naar de gescheurde zweep om naar de honden te kijken.
«Ah, amici miei», disse con voce bassa e preoccupata.
"Ah, mijn vrienden," zei hij met een lage, bezorgde stem.
"Forse tutti questi morsi vi trasformeranno in bestie pazze."
"Misschien veranderen al die beten jullie wel in gekke beesten."
"Forse tutti cani rabbiosi, sacredam! Che ne pensi, Perrault?"

"Misschien allemaal dolle honden, sjeik! Wat denk jij, Perrault?"

Perrault scosse la testa, con gli occhi scuri per la preoccupazione e la paura.

Perrault schudde zijn hoofd, zijn ogen waren donker van bezorgdheid en angst.

C'erano ancora quattrocento miglia tra loro e Dawson.

Tussen hen en Dawson lagen nog vierhonderd mijl.

La follia dei cani potrebbe ormai distruggere ogni possibilità di sopravvivenza.

Hondengekte zou nu iedere kans op overleving kunnen vernietigen.

Hanno passato due ore a imprecare e a cercare di riparare l'attrezzatura.

Ze hebben twee uur lang gevloekt en geprobeerd de apparatuur te repareren.

La squadra ferita alla fine lasciò l'accampamento, distrutta e sconfitta.

Het gewonde team verliet uiteindelijk het kamp, gebroken en verslagen.

Questo è stato il sentiero più duro finora e ogni passo è stato doloroso.

Dit was het moeilijkste pad tot nu toe en elke stap was pijnlijk.

Il fiume Thirty Mile non era ghiacciato e scorreva impetuoso.

De Thirty Mile River was niet bevroren en stroomde wild.

Soltanto nei punti calmi e nei vortici il ghiaccio riusciva a resistere.

Alleen op rustige plekken en in draaiende wervelingen kon het ijs standhouden.

Trascorsero sei giorni di duro lavoro per percorrere le trenta miglia.

Er volgden zes dagen van zware arbeid voordat de dertig mijl waren afgelegd.

Ogni miglio del sentiero porta con sé pericoli e minacce di morte.

Elke kilometer van het pad bracht gevaar en de dreiging van de dood met zich mee.
Uomini e cani rischiavano la vita a ogni passo doloroso.
Met elke pijnlijke stap riskeerden de mannen en honden hun leven.
Perrault riuscì a superare i sottili ponti di ghiaccio una dozzina di volte.
Perrault brak een tiental keer door dunne ijsbruggen heen.
Prese un palo e lo lasciò cadere nel buco creato dal suo corpo.
Hij pakte een stok en liet deze in het gat vallen dat zijn eigen lichaam had gemaakt.
Quel palo salvò Perrault più di una volta dall'annegamento.
Die paal heeft Perrault meer dan eens van de verdrinkingsdood gered.
L'ondata di freddo persisteva, la temperatura era di cinquanta gradi sotto zero.
Het was koud en de luchttemperatuur was vijftig graden onder nul.
Ogni volta che cadeva, Perrault era costretto ad accendere un fuoco per sopravvivere.
Iedere keer dat hij in het water viel, moest Perrault een vuur aansteken om te overleven.
Gli abiti bagnati si congelavano rapidamente, perciò li faceva asciugare vicino al calore cocente.
Natte kleding bevroor snel, dus hij droogde ze in de brandende hitte.
Perrault non provava mai paura, e questo faceva di lui un corriere.
Perrault was nooit bang en dat maakte hem tot een koerier.
Fu scelto per affrontare il pericolo e lo affrontò con silenziosa determinazione.
Hij was uitgekozen voor het gevaar, en hij ging het tegemoet met stille vastberadenheid.
Si spinse in avanti controvento, con il viso raggrinzito e congelato.

Hij drong vooruit, de wind tegemoet, zijn gerimpelde gezicht bevroren.

Perrault li guidò in avanti dall'alba al tramonto.

Vanaf het begin van de ochtend tot het begin van de avond leidde Perrault hen verder.

Camminava sul ghiaccio sottile che scricchiolava a ogni passo.

Hij liep over een smalle ijsrand, die bij iedere stap kraakte.

Non osavano fermarsi: ogni pausa rischiava di provocare un crollo mortale.

Ze durfden niet te stoppen. Elke pauze betekende het risico op een dodelijke ineenstorting.

Una volta la slitta si ruppe, trascinando dentro Dave e Buck.

Op een gegeven moment brak de slee door en werden Dave en Buck meegesleurd.

Quando furono liberati, entrambi erano quasi congelati.

Toen ze losgetrokken werden, waren ze allebei bijna bevroren.

Gli uomini accesero rapidamente un fuoco per salvare Buck e Dave.

De mannen maakten snel een vuur om Buck en Dave in leven te houden.

I cani erano ricoperti di ghiaccio dal naso alla coda, rigidi come legno intagliato.

De honden waren van neus tot staart bedekt met ijs, stijf als gesneden hout.

Gli uomini li fecero correre in cerchio vicino al fuoco per scongelarne i corpi.

De mannen lieten de lichamen in cirkels rond het vuur lopen om ze te ontdooien.

Si avvicinarono così tanto alle fiamme che la loro pelliccia rimase bruciacchiata.

Ze kwamen zo dicht bij de vlammen dat hun vacht verschroeid raakte.

Spitz ruppe poi il ghiaccio, trascinando dietro di sé la squadra.

Spitz brak vervolgens door het ijs en sleepte het team achter zich mee.

La frenata arrivava fino al punto in cui Buck stava tirando.
De breuk reikte helemaal tot aan het punt waar Buck aan het trekken was.
Buck si appoggiò bruscamente allo schienale, con le zampe che scivolavano e tremavano sul bordo.
Buck leunde achterover, zijn poten gleden weg en trilden op de rand.
Anche Dave si sforzò all'indietro, proprio dietro Buck sulla linea.
Dave boog ook naar achteren, vlak achter Buck op de lijn.
François tirava la slitta e i suoi muscoli scricchiolavano per lo sforzo.
François trok de slee omhoog en zijn spieren kraakten van de inspanning.
Un'altra volta, il ghiaccio del bordo si è crepato davanti e dietro la slitta.
Een andere keer brak het ijs op de rand vóór en achter de slee.
Non avevano altra via d'uscita se non quella di arrampicarsi su una parete ghiacciata.
Er was geen andere uitweg dan een bevroren rotswand te beklimmen.
In qualche modo Perrault riuscì a scalare il muro: un miracolo lo tenne in vita.
Op de een of andere manier wist Perrault de muur te beklimmen; door een wonder bleef hij in leven.
François rimase sottocoperta, pregando che gli capitasse la stessa fortuna.
François bleef beneden en bad voor hetzelfde geluk.
Legarono ogni cinghia, legatura e tirante in un'unica lunga corda.
Ze maakten van alle riemen, sjorringen en sporen één lang touw.
Gli uomini trascinarono i cani uno alla volta fino in cima.
De mannen tilden de honden één voor één naar boven.
François salì per ultimo, dopo la slitta e tutto il carico.
François klom als laatste, na de slee en de hele lading.

Poi iniziò una lunga ricerca di un sentiero che scendesse dalle scogliere.
Toen begon een lange zoektocht naar een pad dat vanaf de kliffen naar beneden leidde.
Alla fine scesero utilizzando la stessa corda che avevano costruito.
Uiteindelijk daalden ze af met hetzelfde touw dat ze zelf hadden gemaakt.
Scese la notte mentre tornavano al letto del fiume, esausti e doloranti.
Het werd donker toen ze uitgeput en pijnlijk terugliepen naar de rivierbedding.
Avevano impiegato un giorno intero per percorrere solo un quarto di miglio.
Ze hadden een hele dag nodig gehad om slechts een kwart mijl af te leggen.
Quando giunsero all'Hootalinqua, Buck era sfinito.
Tegen de tijd dat ze Hootalinqua bereikten, was Buck uitgeput.
Anche gli altri cani soffrivano le stesse condizioni del sentiero.
Ook de andere honden hadden last van de omstandigheden op het pad.
Ma Perrault aveva bisogno di recuperare tempo e li spingeva avanti giorno dopo giorno.
Maar Perrault moest tijd inhalen en zette hen elke dag weer op scherp.
Il primo giorno percorsero trenta miglia fino a Big Salmon.
De eerste dag reisden ze vijftig kilometer naar Big Salmon.
Il giorno dopo percorsero trentacinque miglia fino a Little Salmon.
De volgende dag reisden ze 56 kilometer naar Little Salmon.
Il terzo giorno percorsero quaranta miglia ghiacciate.
Op de derde dag trokken ze door veertig lang bevroren mijlen.
A quel punto si stavano avvicinando all'insediamento di Five Fingers.
Tegen die tijd naderden ze de nederzetting Five Fingers.

I piedi di Buck erano più morbidi di quelli duri degli husky autoctoni.
De voeten van Buck waren zachter dan de harde voeten van inheemse husky's.
Le sue zampe erano diventate tenere nel corso di molte generazioni civilizzate.
Zijn poten waren in de loop van vele beschaafde generaties gevoelig geworden.
Molto tempo fa, i suoi antenati erano stati addomesticati dagli uomini del fiume o dai cacciatori.
Lang geleden werden zijn voorouders getemd door rivierbewoners of jagers.
Ogni giorno Buck zoppicava per il dolore, camminando con le zampe screpolate e doloranti.
Buck liep elke dag mank van de pijn en liep op pijnlijke, schrale poten.
Giunto all'accampamento, Buck cadde come un corpo senza vita sulla neve.
In het kamp viel Buck als een levenloos lichaam neer in de sneeuw.
Sebbene fosse affamato, Buck non si alzò per consumare il pasto serale.
Hoewel Buck uitgehongerd was, stond hij niet op om zijn avondmaaltijd te eten.
François portò la sua razione a Buck, mettendogli del pesce vicino al muso.
François bracht Buck zijn rantsoen en legde de vis naast zijn snuit neer.
Ogni notte l'autista massaggiava i piedi di Buck per mezz'ora.
Elke avond masseerde de chauffeur Bucks voeten een half uur lang.
François arrivò persino a tagliare i suoi mocassini per farne delle calzature per cani.
François sneed zelfs zijn eigen mocassins in stukken om er hondenschoenen van te maken.

Quattro scarpe calde diedero a Buck un grande e gradito sollievo.
Vier warme schoenen waren een welkome verlichting voor Buck.
Una mattina François dimenticò le scarpe e Buck si rifiutò di alzarsi.
Op een ochtend vergat François zijn schoenen en Buck weigerde op te staan.
Buck giaceva sulla schiena, con i piedi in aria, e li agitava in modo pietoso.
Buck lag op zijn rug, met zijn voeten in de lucht, en zwaaide er zielig mee.
Persino Perrault sorrise alla vista dell'appello drammatico di Buck.
Zelfs Perrault grijnsde bij het zien van Bucks dramatische pleidooi.
Ben presto i piedi di Buck diventarono duri e le scarpe poterono essere tolte.
Al snel werden Bucks voeten hard en konden de schoenen worden weggegooid.
A Pelly, durante il periodo in cui veniva imbrigliata, Dolly emise un ululato terribile.
Toen Pelly werd opgeschrikt door het inspannen van de tuigage, liet Dolly een vreselijk gehuil horen.
Il grido era lungo e pieno di follia, e fece tremare tutti i cani.
Het gehuil was lang en vol waanzin, en het deed alle honden schudden.
Ogni cane si rizzava per la paura, senza capirne il motivo.
Elke hond was bang, maar wist niet waarom.
Dolly era impazzita e si era scagliata contro Buck.
Dolly was gek geworden en had zich recht op Buck gestort.
Buck non aveva mai visto la follia, ma l'orrore gli riempì il cuore.
Buck had nog nooit waanzin gezien, maar zijn hart werd vervuld van afschuw.
Senza pensarci due volte, si voltò e fuggì in preda al panico più assoluto.

Hij draaide zich om en vluchtte in totale paniek.
Dolly lo inseguì, con gli occhi selvaggi e la saliva che le colava dalle fauci.
Dolly rende achter hem aan, haar ogen wild en het speeksel spatte uit haar kaken.
Si tenne sempre dietro a Buck, senza mai guadagnare terreno e senza mai indietreggiare.
Ze bleef vlak achter Buck, zonder afstand te nemen of terug te vallen.
Buck corse attraverso i boschi, giù per l'isola, sul ghiaccio frastagliato.
Buck rende door het bos, over het eiland en over het grillige ijs.
Attraversò un'isola, poi un'altra, per poi tornare indietro verso il fiume.
Hij stak over naar een eiland, toen naar een ander, en voer vervolgens weer terug naar de rivier.
Dolly continuava a inseguirlo, ringhiando sempre più forte a ogni passo.
Dolly bleef hem achtervolgen, met bij iedere stap haar gegrom op de voet gevolgd.
Buck poteva sentire il suo respiro e la sua rabbia, anche se non osava voltarsi indietro.
Buck kon haar ademhaling en woede horen, maar hij durfde niet om te kijken.
François gridò da lontano e Buck si voltò verso la voce.
François riep van verre en Buck draaide zich naar de stem toe.
Ancora senza fiato, Buck corse oltre, riponendo ogni speranza in François.
Buck, die nog steeds naar adem snakte, rende voorbij en stelde al zijn hoop op François.
Il conducente del cane sollevò un'ascia e aspettò che Buck gli passasse accanto.
De hondendrijver hief een bijl en wachtte terwijl Buck voorbij vloog.
L'ascia calò rapidamente e colpì la testa di Dolly con forza mortale.

De bijl kwam snel neer en raakte Dolly's hoofd met dodelijke kracht.

Buck crollò vicino alla slitta, ansimando e incapace di muoversi.

Buck zakte bij de slee in elkaar, hijgend en niet in staat om te bewegen.

Quel momento diede a Spitz la possibilità di colpire un nemico esausto.

Dat moment gaf Spitz de kans om een uitgeputte tegenstander aan te vallen.

Morse Buck due volte, strappandogli la carne fino all'osso bianco.

Hij beet Buck twee keer en scheurde zijn vlees tot op het witte bot open.

La frusta di François schioccò, colpendo Spitz con tutta la sua forza, con furia.

De zweep van François knalde en raakte Spitz met volle kracht.

Buck guardò con gioia Spitz mentre riceveva il pestaggio più duro fino a quel momento.

Buck keek met vreugde toe hoe Spitz zijn zwaarste pak slaag tot nu toe kreeg.

«È un diavolo, quello Spitz», borbottò Perrault tra sé e sé.

"Hij is een duivel, die Spitz," mompelde Perrault duister in zichzelf.

"Un giorno o l'altro, quel cane maledetto ucciderà Buck, lo giuro."

"Binnenkort zal die vervloekte hond Buck vermoorden, ik zweer het."

«Quel Buck ha due diavoli dentro di sé», rispose François annuendo.

"Die Buck heeft twee duivels in zich," antwoordde François knikkend.

"Quando osservo Buck, so che dentro di lui si cela qualcosa di feroce."

"Als ik naar Buck kijk, weet ik dat er iets fels in hem schuilt."

"Un giorno, si infurierà come il fuoco e farà a pezzi Spitz."

"Op een dag zal hij woedend worden en Spitz aan stukken scheuren."
"Masticherà quel cane e lo sputerà sulla neve ghiacciata."
"Hij zal die hond kapotbijten en hem op de bevroren sneeuw uitspugen."
"Certo, lo so fin nel profondo."
"Ik weet dit zeker, diep in mijn botten."
Da quel momento in poi, i due cani furono in guerra tra loro.
Vanaf dat moment waren de twee honden met elkaar in oorlog.
Spitz guidava la squadra e deteneva il potere, ma Buck lo sfidava.
Spitz leidde het team en had de macht, maar Buck ondermijnde die positie.
Spitz si rese conto che il suo rango era minacciato da questo strano straniero del Sud.
Spitz zag zijn rang bedreigd door deze vreemde vreemdeling uit Zuidland.
Buck era diverso da tutti i cani del sud che Spitz aveva conosciuto fino ad allora.
Buck was anders dan alle zuidelijke honden die Spitz ooit gekend had.
La maggior parte di loro fallì: troppo deboli per sopravvivere al freddo e alla fame.
De meesten van hen faalden. Ze waren te zwak om de kou en honger te overleven.
Morirono rapidamente a causa del lavoro, del gelo e del lento bruciare della carestia.
Ze stierven een snelle dood door de zware arbeid, de vorst en de langzame hongersnood.
Buck si distingueva: ogni giorno più forte, più intelligente e più selvaggio.
Buck stond apart: elke dag sterker, slimmer en wilder.
Ha prosperato nonostante le difficoltà, crescendo al pari degli husky del nord.
Hij gedijde in moeilijke tijden en groeide op tot een hond die net zo groot werd als de noordelijke husky's.

Buck era dotato di forza, abilità straordinaria e un istinto paziente e letale.
Buck had kracht, enorme vaardigheden en een geduldig, dodelijk instinct.
L'uomo con la mazza aveva annientato Buck per fargli perdere la temerarietà.
De man met de knuppel had Buck overmoedig gemaakt.
La furia cieca se n'era andata, sostituita da un'astuzia silenziosa e dal controllo.
De blinde woede was verdwenen en vervangen door stille sluwheid en beheersing.
Attese, calmo e primordiale, in attesa del momento giusto.
Hij wachtte, kalm en oorspronkelijk, wachtend op het juiste moment.
La loro lotta per il comando divenne inevitabile e chiara.
Hun strijd om de macht werd onvermijdelijk en duidelijk.
Buck desiderava la leadership perché il suo spirito la richiedeva.
Buck verlangde naar leiderschap omdat zijn geest dat van hem vroeg.
Era spinto da quello strano orgoglio che nasceva dal sentiero e dall'imbracatura.
Hij werd voortgedreven door de vreemde trots die voortkwam uit het spoor en het tuig.
Quell'orgoglio faceva sì che i cani tirassero fino a crollare sulla neve.
Die trots zorgde ervoor dat honden door de sneeuw trokken tot ze erbij neervielen.
L'orgoglio li spinse a dare tutta la forza che avevano.
Hoogmoed verleidde hen om al hun kracht te geven.
L'orgoglio può trascinare un cane da slitta fino al punto di ucciderlo.
Trots kan een sledehond zelfs tot de dood lokken.
Perdere l'imbracatura rendeva i cani deboli e senza scopo.
Het verlies van het tuig zorgde ervoor dat de honden gebroken en doelloos achterbleven.

Il cuore di un cane da slitta può essere spezzato dalla vergogna quando va in pensione.
Het hart van een sledehond kan gebroken worden door schaamte als hij met pensioen gaat.

Dave viveva con questo orgoglio mentre trascinava la slitta da dietro.
Dave leefde vanuit die trots terwijl hij de slee achter zich aan trok.

Anche Solleks diede il massimo con cupa forza e lealtà.
Ook Solleks gaf met grimmige kracht en loyaliteit alles wat hij had.

Ogni mattina l'orgoglio li trasformava da amareggiati a determinati.
Elke ochtend veranderde trots hun humeur van bitter in vastberaden.

Spinsero per tutto il giorno, poi tacquero una volta giunti alla fine dell'accampamento.
Ze hebben de hele dag doorgezet en aan het einde van het kamp werd het stil.

Quell'orgoglio diede a Spitz la forza di mettere in riga i fannulloni.
Die trots gaf Spitz de kracht om degenen die zich niet aan de regels hielden, tot het uiterste te drijven.

Spitz temeva Buck perché Buck nutriva lo stesso profondo orgoglio.
Spitz was bang voor Buck omdat Buck dezelfde diepe trots met zich meedroeg.

L'orgoglio di Buck ora si agitò contro Spitz, ma lui non si fermò.
Bucks trots keerde zich tegen Spitz en hij gaf niet op.

Buck sfidò il potere di Spitz e gli impedì di punire i cani.
Buck trotseerde Spitz' macht en voorkwam dat hij honden strafte.

Quando gli altri fallivano, Buck si frapponeva tra loro e il loro capo.
Toen anderen faalden, stond Buck tussen hen en hun leider.

Lo fece con intenzione, rendendo la sua sfida aperta e chiara.

Hij deed dit met opzet en maakte zijn uitdaging open en duidelijk.

Una notte una forte nevicata coprì il mondo in un profondo silenzio.

Op een nacht viel er een dikke laag sneeuw, waardoor de wereld in diepe stilte werd bedekt.

La mattina dopo, Pike, pigro come sempre, non si alzò per andare al lavoro.

De volgende morgen stond Pike, lui als altijd, niet op om te gaan werken.

Rimase nascosto nel suo nido sotto uno spesso strato di neve.

Hij bleef verborgen in zijn nest onder een dikke laag sneeuw.

François gridò e cercò, ma non riuscì a trovare il cane.

François riep en zocht, maar kon de hond niet vinden.

Spitz si infuriò e si scagliò contro l'accampamento coperto di neve.

Spitz werd woedend en stormde door het met sneeuw bedekte kamp.

Ringhiò e annusò, scavando freneticamente con gli occhi fiammeggianti.

Hij gromde en snoof, terwijl hij als een gek groef en met vlammende ogen keek.

La sua rabbia era così violenta che Pike tremava sotto la neve per la paura.

Zijn woede was zo hevig dat Pike van angst onder de sneeuw beefde.

Quando finalmente Pike fu trovato, Spitz si lanciò per punire il cane nascosto.

Toen Pike eindelijk gevonden werd, sprong Spitz naar voren om de verstopte hond te straffen.

Ma Buck si scagliò tra loro con una furia pari a quella di Spitz.

Maar Buck sprong tussen hen in, met een woede die even groot was als die van Spitz.

L'attacco fu così improvviso e astuto che Spitz cadde a terra.

De aanval was zo plotseling en slim dat Spitz van zijn voeten viel.
Pike, che tremava, trasse coraggio da questa sfida.
Pike, die al een tijdje aan het trillen was, putte moed uit deze uitdaging.
Seguendo l'audace esempio di Buck, saltò sullo Spitz caduto.
Hij sprong op de gevallen Spitz en volgde het stoutmoedige voorbeeld van Buck.
Buck, non più vincolato dall'equità, si unì allo sciopero di Spitz.
Buck, die zich niet langer aan de regels van eerlijkheid hield, sloot zich aan bij de staking op Spitz.
François, divertito ma fermo nella disciplina, agitò la sua pesante frusta.
François, geamuseerd maar vastberaden in discipline, zwaaide met zijn zware zweep.
Colpì Buck con tutta la sua forza per interrompere la rissa.
Hij sloeg Buck met al zijn kracht om het gevecht te beëindigen.
Buck si rifiutò di muoversi e rimase in groppa al capo caduto.
Buck weigerde te bewegen en bleef bovenop de gevallen leider zitten.
François allora usò il manico della frusta e colpì Buck con violenza.
Vervolgens sloeg François Buck hard met het handvat van de zweep.
Barcollando per il colpo, Buck cadde all'indietro sotto l'assalto.
Buck wankelde door de klap en deinsde terug onder de aanval.
François colpì più volte mentre Spitz puniva Pike.
François sloeg keer op keer terwijl Spitz Pike strafte.

Passarono i giorni e Dawson City si avvicinava sempre di più.
De dagen verstreken en Dawson City kwam steeds dichterbij.

Buck continuava a intromettersi, infilandosi tra Spitz e gli altri cani.
Buck bleef zich ermee bemoeien en glipte tussen Spitz en de andere honden.
Sceglieva bene i suoi momenti, aspettando sempre che François se ne andasse.
Hij koos zijn momenten goed en wachtte altijd tot François weg was.
La ribellione silenziosa di Buck si diffuse e il disordine prese piede nella squadra.
Bucks stille opstandigheid verspreidde zich en er ontstond wanorde in het team.
Dave e Solleks rimasero leali, ma altri diventarono indisciplinati.
Dave en Solleks bleven hen trouw, maar anderen werden onhandelbaar.
La squadra peggiorò: divenne irrequieta, litigiosa e fuori luogo.
Het team werd steeds slechter: onrustig, ruziezoekend en buitenspel staand.
Ormai niente filava liscio e le liti diventavano all'ordine del giorno.
Niets verliep meer soepel en er ontstonden steeds vaker gevechten.
Buck rimase sempre al centro dei guai, provocando disordini.
Buck bleef de oorzaak van de onrust en zorgde voortdurend voor onrust.
François rimase vigile, temendo la lotta tra Buck e Spitz.
François bleef alert, bang voor het gevecht tussen Buck en Spitz.
Ogni notte veniva svegliato da zuffe e temeva che finalmente fosse arrivato l'inizio.
Iedere nacht werd hij wakker van het gevecht, omdat hij vreesde dat het begin eindelijk daar was.
Balzò fuori dalla veste, pronto a interrompere la rissa.

Hij sprong uit zijn gewaad, klaar om een eind te maken aan het gevecht.

Ma il momento non arrivò mai e alla fine raggiunsero Dawson.

Maar het moment kwam niet en uiteindelijk bereikten ze Dawson.

La squadra entrò in città in un pomeriggio cupo, teso e silenzioso.

Op een sombere middag arriveerde het team in de stad, gespannen en stil.

La grande battaglia per la leadership era ancora sospesa nell'aria gelida.

De grote strijd om het leiderschap hing nog steeds in de bevroren lucht.

Dawson era piena di uomini e cani da slitta, tutti impegnati nel lavoro.

Dawson zat vol met mannen en sledehonden, die allemaal druk aan het werk waren.

Buck osservava i cani trainare i carichi dalla mattina alla sera.

Buck keek van 's ochtends tot 's avonds toe hoe de honden lasten trokken.

Trasportavano tronchi e legna da ardere e spedivano rifornimenti alle miniere.

Ze vervoerden boomstammen en brandhout en goederen naar de mijnen.

Nel Southland, dove un tempo lavoravano i cavalli, ora lavoravano i cani.

Waar vroeger paarden in het zuiden werkten, doen nu honden hun werk.

Buck vide alcuni cani provenienti dal Sud, ma la maggior parte erano husky simili a lupi.

Buck zag wel wat honden uit het zuiden, maar het waren vooral wolfachtige husky's.

Di notte, puntuali come un orologio, i cani alzavano la voce e cantavano.

's Nachts begonnen de honden als op een klok te zingen.

Alle nove, a mezzanotte e di nuovo alle tre, il canto cominciò.
Om negen uur, om middernacht en nogmaals om drie uur begon het gezang.
Buck amava unirsi al loro canto inquietante, selvaggio e antico nel suono.
Buck genoot ervan om mee te zingen met hun griezelige gezang, dat wild en eeuwenoud klonk.
L'aurora fiammeggiava, le stelle danzavano e la neve ricopriva la terra.
Het poollicht vlamde, de sterren dansten en sneeuw bedekte het land.
Il canto dei cani si elevava come un grido contro il silenzio e il freddo pungente.
Het gezang van de honden werd een kreet tegen de stilte en de bittere kou.
Ma il loro urlo esprimeva tristezza, non sfida, in ogni lunga nota.
Maar in elke lange noot van hun gehuil klonk verdriet door, geen verzet.
Ogni lamento era pieno di supplica: il peso stesso della vita.
Elke klaagzang was vol smeekbeden; de last van het leven zelf.
Quella canzone era vecchia, più vecchia delle città e più vecchia degli incendi
Dat lied was oud – ouder dan steden, en ouder dan branden
Quel canto era più antico perfino delle voci degli uomini.
Dat lied was nog ouder dan de stemmen van mensen.
Era una canzone del mondo dei giovani, quando tutte le canzoni erano tristi.
Het was een lied uit de jonge wereld, toen alle liederen droevig waren.
La canzone porta con sé il dolore di innumerevoli generazioni di cani.
Het lied droeg het verdriet van talloze generaties honden uit.
Buck percepì profondamente la melodia, gemendo per un dolore radicato nei secoli.

Buck voelde de melodie diep en kreunde van de pijn die al eeuwenlang voelbaar was.
Singhiozzava per un dolore antico quanto il sangue selvaggio nelle sue vene.
Hij snikte van verdriet dat zo oud was als het wilde bloed in zijn aderen.
Il freddo, l'oscurità e il mistero toccarono l'anima di Buck.
De kou, de duisternis en het mysterie raakten Bucks ziel.
Quella canzone dimostrava quanto Buck fosse tornato alle sue origini.
Dat lied bewees hoe ver Buck terug was gegaan naar zijn oorsprong.
Tra la neve e gli ululati aveva trovato l'inizio della sua vita.
Door de sneeuw en het gehuil had hij het begin van zijn eigen leven gevonden.

Sette giorni dopo l'arrivo a Dawson, ripartirono.
Zeven dagen na aankomst in Dawson vertrokken ze opnieuw.
La squadra si è lanciata dalla caserma fino allo Yukon Trail.
Het team daalde van de barakken af naar de Yukon Trail.
Iniziarono il viaggio di ritorno verso Dyea e Salt Water.
Ze begonnen aan de terugreis naar Dyea en Salt Water.
Perrault trasmise dispacci ancora più urgenti di prima.
Perrault bezorgde berichten die nog dringender waren dan voorheen.
Era anche preso dall'orgoglio per la corsa e puntava a stabilire un record.
Ook hij raakte gegrepen door trailpride en wilde een record vestigen.
Questa volta Perrault aveva diversi vantaggi.
Deze keer had Perrault een aantal voordelen.
I cani avevano riposato per un'intera settimana e avevano ripreso le forze.
De honden hadden een hele week rust gehad en waren weer op krachten gekomen.
La pista che avevano tracciato era ora battuta da altri.

Het pad dat ze hadden gebaand, werd nu door anderen platgetreden.
In alcuni punti la polizia aveva immagazzinato cibo sia per i cani che per gli uomini.
Op sommige plaatsen had de politie voedsel opgeslagen voor zowel honden als mensen.
Perrault viaggiava leggero, si muoveva velocemente e aveva poco a cui aggrapparsi.
Perrault reisde licht en snel, met weinig lasten die hem belastten.
La prima sera raggiunsero la Sixty-Mile, una corsa lunga 50 miglia.
Ze bereikten de Sixty-Mile, een tocht van tachtig kilometer, al in de eerste nacht.
Il secondo giorno risalirono rapidamente lo Yukon in direzione di Pelly.
Op de tweede dag trokken ze snel de Yukon op richting Pelly.
Ma questi grandi progressi comportarono anche molta fatica per François.
Maar deze mooie vooruitgang bracht voor François ook veel spanning met zich mee.
La ribellione silenziosa di Buck aveva infranto la disciplina della squadra.
Bucks stille rebellie had de discipline van het team verwoest.
Non si univano più come un'unica bestia al comando.
Ze trokken niet langer als één beest aan de teugels samen.
Buck aveva spinto altri alla sfida con il suo coraggioso esempio.
Buck bracht anderen tot verzet door zijn moedige voorbeeld.
L'ordine di Spitz non veniva più accolto con timore o rispetto.
Spitz' bevelen werden niet langer met angst of respect ontvangen.
Gli altri persero ogni timore reverenziale nei suoi confronti e osarono opporsi al suo governo.
De anderen verloren hun ontzag voor hem en durfden zich tegen zijn heerschappij te verzetten.

Una notte, Pike rubò mezzo pesce e lo mangiò sotto gli occhi di Buck.
Op een nacht stal Pike een halve vis en at die op onder Bucks oog.
Un'altra notte, Dub e Joe combatterono contro Spitz e rimasero impuniti.
Op een andere avond vochten Dub en Joe ongestraft met Spitz.
Anche Billee gemette meno dolcemente e mostrò una nuova acutezza.
Zelfs Billee jankte minder lief en toonde nieuwe scherpte.
Buck ringhiava a Spitz ogni volta che si incrociavano.
Buck gromde naar Spitz iedere keer dat ze elkaar tegenkwamen.
L'atteggiamento di Buck divenne audace e minaccioso, quasi come quello di un bullo.
Bucks houding werd brutaal en dreigend, bijna als die van een pestkop.
Camminava avanti e indietro davanti a Spitz con un'andatura spavalda e piena di minaccia beffarda.
Hij liep met een zwierige blik en een dreigende blik op Spitz af.
Questo crollo dell'ordine si diffuse anche tra i cani da slitta.
Die verstoring van de openbare orde had ook gevolgen voor de sledehonden.
Litigarono e discussero più che mai, riempiendo l'accampamento di rumore.
Ze vochten en maakten meer ruzie dan ooit tevoren, waardoor het kamp vol kabaal stond.
Ogni notte la vita nel campeggio si trasformava in un caos selvaggio e ululante.
Elke avond veranderde het leven in het kamp in een wilde, huilende chaos.
Solo Dave e Solleks rimasero fermi e concentrati.
Alleen Dave en Solleks bleven kalm en geconcentreerd.
Ma anche loro diventarono irascibili a causa delle continue risse.

Maar zelfs zij werden opvliegend van de voortdurende gevechten.
François imprecò in lingue strane e batté i piedi per la frustrazione.
François vloekte in vreemde talen en stampte van frustratie.
Si strappò i capelli e urlò mentre la neve gli volava sotto i piedi.
Hij trok aan zijn haar en schreeuwde, terwijl de sneeuw onder zijn voeten door vloog.
La sua frusta schioccò contro il gruppo, ma a malapena riuscì a tenerli in riga.
Zijn zweep sloeg over de groep, maar kon ze ternauwernood in het gareel houden.
Ogni volta che voltava le spalle, la lotta ricominciava.
Zodra hij zijn rug toekeerde, brak er weer gevochten uit.
François usò la frusta per Spitz, mentre Buck guidava i ribelli.
François gebruikte de zweep tegen Spitz, terwijl Buck de rebellen leidde.
Ognuno conosceva il ruolo dell'altro, ma Buck evitava di addossare ogni colpa.
Ze kenden elkaars rol, maar Buck vermeed de schuld.
François non ha mai colto Buck mentre iniziava una rissa o si sottraeva al suo lavoro.
François heeft Buck nooit betrapt op het beginnen van een gevecht of het negeren van zijn werk.
Buck lavorava duramente ai finimenti: la fatica ora gli dava entusiasmo.
Buck werkte hard in het tuig; de arbeid vervulde nu zijn geest.
Ma trovava ancora più gioia nel fomentare risse e caos nell'accampamento.
Maar hij vond nog meer plezier in het veroorzaken van ruzies en chaos in het kamp.

Una sera, alla foce del Tahkeena, Dub spaventò un coniglio.
Op een avond schrok Dub bij de mond van de Tahkeena een konijn op.

Mancò la presa e il coniglio con la racchetta da neve balzò via.
Hij miste de vangst en het sneeuwschoenhaasje sprong weg.
Nel giro di pochi secondi, l'intera squadra di slitte si lanciò all'inseguimento, gridando a squarciagola.
Binnen enkele seconden zette het hele sleeteam de achtervolging in, met wilde kreten.
Nelle vicinanze, un accampamento della polizia del nord-ovest ospitava cinquanta cani husky.
In de buurt huisvestte een politiekamp van het noordwesten vijftig husky's.
Si unirono alla caccia, scendendo insieme il fiume ghiacciato.
Ze gingen op jacht en samen stroomden ze door de bevroren rivier.
Il coniglio lasciò il fiume e fuggì lungo il letto ghiacciato di un ruscello.
Het konijn verliet de rivier en vluchtte via een bevroren kreekbedding omhoog.
Il coniglio saltellava leggero sulla neve mentre i cani si facevano strada a fatica.
Het konijn huppelde zachtjes over de sneeuw terwijl de honden zich erdoorheen worstelden.
Buck guidava l'enorme branco di sessanta cani attorno a ogni curva tortuosa.
Buck leidde de enorme roedel van zestig honden door iedere bocht.
Si spinse in avanti, basso e impaziente, ma non riuscì a guadagnare terreno.
Hij drong naar voren, laag en gretig, maar kon geen terrein winnen.
Il suo corpo brillava sotto la pallida luna a ogni potente balzo.
Bij elke krachtige sprong flitste zijn lichaam onder de bleke maan.
Davanti a loro, il coniglio si muoveva come un fantasma, silenzioso e troppo veloce per essere catturato.

Voor ons uit bewoog het konijn zich als een spook, stil en te snel om te vangen.
Tutti quei vecchi istinti, la fame, l'eccitazione, attraversarono Buck.
Al die oude instincten - de honger, de spanning - raasden door Buck heen.
A volte gli esseri umani avvertono questo istinto e sono spinti a cacciare con armi da fuoco e proiettili.
Mensen voelen soms dit instinct en willen met een geweer en kogel jagen.
Ma Buck provava questa sensazione a un livello più profondo e personale.
Maar Buck voelde dit gevoel op een dieper en persoonlijker niveau.
Non riuscivano a percepire la natura selvaggia nel loro sangue come Buck.
Zij konden de wildernis niet in hun bloed voelen zoals Buck dat kon.
Inseguiva la carne viva, pronto a uccidere con i denti e ad assaggiare il sangue.
Hij jaagde op levend vlees, klaar om te doden met zijn tanden en bloed te proeven.
Il suo corpo si tendeva per la gioia, desiderando immergersi nel caldo rosso della vita.
Zijn lichaam spande zich van vreugde, hij wilde zich baden in het warme, rode leven.
Una strana gioia segna il punto più alto che la vita possa mai raggiungere.
Een vreemde vreugde markeert het hoogste punt dat het leven ooit kan bereiken.
La sensazione di raggiungere un picco in cui i vivi dimenticano di essere vivi.
Het gevoel van een bergtop waar de levenden vergeten dat ze leven.
Questa gioia profonda tocca l'artista immerso in un'ispirazione ardente.

Deze diepe vreugde raakt de kunstenaar, verloren in vurige inspiratie.

Questa gioia afferra il soldato che combatte selvaggiamente e non risparmia alcun nemico.

Deze vreugde grijpt de soldaat aan die met een wilde strijder vecht en geen enkele vijand spaart.

Questa gioia ora colpì Buck mentre guidava il branco in preda alla fame primordiale.

Deze vreugde maakte zich meester van Buck terwijl hij de roedel leidde in oerhonger.

Ululò con l'antico grido del lupo, emozionato per l'inseguimento.

Hij huilde met de oeroude wolvenroep, opgewonden door de levende jacht.

Buck fece appello alla parte più antica di sé, persa nella natura selvaggia.

Buck vond de weg naar het oudste deel van zichzelf, verdwaald in de wildernis.

Scavò in profondità dentro di sé, oltre la memoria, fino al tempo grezzo e antico.

Hij groef diep in zichzelf, voorbij de herinnering, naar de rauwe, oude tijd.

Un'ondata di vita pura pervase ogni muscolo e tendine.

Een golf van puur leven stroomde door iedere spier en pees.

Ogni salto gridava che viveva, che attraversava la morte.

Elke sprong maakte duidelijk dat hij leefde, dat hij door de dood heen ging.

Il suo corpo si librava gioioso su una terra immobile e fredda che non si muoveva mai.

Zijn lichaam zweefde vreugdevol over het stille, koude land dat nooit bewoog.

Spitz rimase freddo e astuto anche nei suoi momenti più selvaggi.

Spitz bleef koud en sluw, zelfs in zijn wildste momenten.

Lasciò il sentiero e attraversò un terreno dove il torrente formava una curva ampia.

Hij verliet het pad en stak het land over waar de beek een brede bocht maakte.
Buck, ignaro di ciò, rimase sul sentiero tortuoso del coniglio.
Buck, die zich hiervan niet bewust was, bleef op het kronkelige pad van het konijn.
Poi, mentre Buck svoltava dietro una curva, il coniglio spettrale si trovò davanti a lui.
Toen Buck om de bocht kwam, zag hij het spookachtige konijn voor zich.
Vide una seconda figura balzare dalla riva precedendo la preda.
Hij zag een tweede figuur vanaf de oever voor de prooi uit springen.
La figura era Spitz, atterrato proprio sulla traiettoria del coniglio in fuga.
Het figuur was Spitz en landde precies op de weg van het vluchtende konijn.
Il coniglio non riuscì a girarsi e incontrò le fauci di Spitz a mezz'aria.
Het konijn kon zich niet omdraaien en stuitte in de lucht op de kaken van Spitz.
La spina dorsale del coniglio si spezzò con un grido acuto come il grido di un essere umano morente.
De ruggengraat van het konijn brak met een gil die net zo hard klonk als de kreet van een stervende mens.
A quel suono, il passaggio dalla vita alla morte, il branco ululò forte.
Bij dat geluid – de val van leven naar dood – begon de roedel luid te huilen.
Un coro selvaggio si levò da dietro Buck, pieno di oscura gioia.
Achter Buck klonk een wild koor, vol duistere vreugde.
Buck non emise alcun grido, nessun suono e si lanciò dritto verso Spitz.
Buck gaf geen kreet, maakte geen enkel geluid en stormde recht op Spitz af.
Mirò alla gola, ma colpì invece la spalla.

Hij mikte op de keel, maar raakte in plaats daarvan de schouder.

Caddero nella neve soffice, i loro corpi erano intrappolati in un combattimento.

Ze rolden door de zachte sneeuw, hun lichamen verwikkeld in een gevecht.

Spitz balzò in piedi rapidamente, come se non fosse mai stato atterrato.

Spitz sprong snel overeind, alsof hij nooit was neergeslagen.

Colpì Buck alla spalla e poi balzò fuori dalla mischia.

Hij sneed Buck in zijn schouder en sprong vervolgens weg van de strijd.

Per due volte i suoi denti schioccarono come trappole d'acciaio, e le sue labbra si arricciarono e si fecero feroci.

Twee keer klappen zijn tanden als stalen vallen, zijn lippen krullen en zijn woest.

Arretrò lentamente, cercando un terreno solido sotto i piedi.

Hij deed langzaam een stap achteruit, op zoek naar vaste grond onder zijn voeten.

Buck comprese il momento all'istante e pienamente.

Buck begreep het moment meteen en volledig.

Il momento era giunto: la lotta sarebbe stata una lotta all'ultimo sangue.

Het moment was gekomen; het zou een strijd op leven en dood worden.

I due cani giravano in cerchio, ringhiando, con le orecchie piatte e gli occhi socchiusi.

De twee honden cirkelden om elkaar heen, grommend, met platte oren en geknepen ogen.

Ogni cane aspettava che l'altro mostrasse debolezza o facesse un passo falso.

Elke hond wachtte totdat de ander zwakte toonde of een misstap beging.

Buck percepiva quella scena come stranamente nota e profondamente ricordata.

Voor Buck voelde het tafereel vertrouwd en diep in zijn herinnering.

I boschi bianchi, la terra fredda, la battaglia al chiaro di luna.
De witte bossen, de koude aarde, de strijd in het maanlicht.
Un silenzio pesante, profondo e innaturale riempiva la terra.
Een zware stilte vulde het land, diep en onnatuurlijk.
Nessun vento si alzava, nessuna foglia si muoveva, nessun suono rompeva il silenzio.
Geen wind bewoog, geen blad bewoog, geen geluid verstoorde de stilte.
Il respiro dei cani si levava come fumo nell'aria gelida e silenziosa.
De adem van de honden steeg op als rook in de bevroren, stille lucht.
Il coniglio era stato dimenticato da tempo dal branco di animali selvatici.
Het konijn was al lang vergeten door de roedel wilde dieren.
Questi lupi semiaddomesticati ora stavano fermi in un ampio cerchio.
Deze halftamme wolven stonden nu in een wijde kring stil.
Erano silenziosi, solo i loro occhi luminosi rivelavano la loro fame.
Ze waren stil. Alleen hun gloeiende ogen verrieden hun honger.
Il loro respiro saliva, mentre osservavano l'inizio dello scontro finale.
Hun adem ging omhoog terwijl ze het laatste gevecht zagen beginnen.
Per Buck questa battaglia era vecchia e attesa, per niente strana.
Voor Buck was dit een oud en verwacht gevecht, helemaal niet vreemd.
Era come il ricordo di qualcosa che doveva accadere da sempre.
Het voelde als een herinnering aan iets dat altijd al had moeten gebeuren.
Spitz era un cane da combattimento addestrato, affinato da innumerevoli risse selvagge.

Spitz was een getrainde vechthond, die zijn vaardigheden had ontwikkeld door talloze wilde gevechten.
Dallo Spitzbergen al Canada, aveva sconfitto molti nemici.
Van Spitsbergen tot Canada versloeg hij vele vijanden.
Era pieno di rabbia, ma non cedette mai il controllo alla rabbia.
Hij was vervuld van woede, maar hij liet die woede nooit de vrije loop.
La sua passione era acuta, ma sempre temperata dal duro istinto.
Zijn passie was scherp, maar werd altijd getemperd door zijn harde instinct.
Non ha mai attaccato finché non ha avuto la sua difesa pronta.
Hij viel pas aan toen hij zichzelf had verdedigd.
Buck provò più volte a raggiungere il collo vulnerabile di Spitz.
Buck probeerde keer op keer de kwetsbare nek van Spitz te bereiken.
Ma ogni colpo veniva accolto da un fendente dei denti affilati di Spitz.
Maar elke slag werd beantwoord met een snee van Spitz' scherpe tanden.
Le loro zanne si scontrarono ed entrambi i cani sanguinarono dalle labbra lacerate.
Hun hoektanden raakten elkaar en beide honden bloedden uit hun gescheurde lippen.
Nonostante i suoi sforzi, Buck non riusciva a rompere la difesa.
Hoe Buck ook probeerde te scoren, hij kon de verdediging niet doorbreken.
Divenne sempre più furioso e si lanciò verso di lui con violente esplosioni di potenza.
Hij werd steeds woedender en sprong met wilde krachtaanvallen op hem af.
Buck colpì ripetutamente la bianca gola di Spitz.
Buck sloeg steeds weer naar de witte keel van Spitz.

Ogni volta Spitz schivava e contrattaccava con un morso tagliente.
Iedere keer ontweek Spitz de aanval en sloeg terug met een snijdende beet.
Poi Buck cambiò tattica, avventandosi di nuovo come se volesse colpirlo alla gola.
Toen veranderde Buck van tactiek en greep hem opnieuw bij de keel.
Ma a metà attacco si è ritirato, girandosi per colpire di lato.
Maar hij trok zich tijdens de aanval terug en draaide zich om om vanaf de zijkant aan te vallen.
Colpì Spitz con una spallata, con l'intento di buttarlo a terra.
Hij sloeg zijn schouder tegen Spitz aan in de hoop hem omver te werpen.
Ogni volta che ci provava, Spitz lo schivava e rispondeva con un fendente.
Elke keer dat hij het probeerde, ontweek Spitz de aanval en counterde met een slag.
La spalla di Buck si faceva scorticare mentre Spitz si liberava dopo ogni colpo.
Bucks schouder werd pijnlijk omdat Spitz na elke klap wegsprong.
Spitz non era stato toccato, mentre Buck sanguinava dalle numerose ferite.
Spitz was niet aangeraakt, terwijl Buck uit vele wonden bloedde.
Il respiro di Buck era affannoso e pesante, il suo corpo era viscido di sangue.
Buck haalde snel en zwaar adem. Zijn lichaam was nat van het bloed.
La lotta diventava più brutale a ogni morso e carica.
Het gevecht werd met iedere beet en aanval brutaler.
Attorno a loro, sessanta cani silenziosi aspettavano che il primo cadesse.
Om hen heen stonden zestig stille honden te wachten tot de eerste zou vallen.

Se un cane fosse caduto, il branco avrebbe posto fine alla lotta.
Als één hond zou vallen, zou de roedel het gevecht beëindigen.
Spitz vide Buck indebolirsi e cominciò ad attaccare.
Spitz zag dat Buck zwakker werd en zette de aanval in.
Mantenne Buck sbilanciato, costringendolo a lottare per restare in piedi.
Hij hield Buck uit evenwicht en dwong hem om zijn evenwicht te bewaren.
Una volta Buck inciampò e cadde, e tutti i cani si rialzarono.
Op een keer struikelde Buck en viel, en alle honden stonden op.
Ma Buck si raddrizzò a metà caduta e tutti ricaddero.
Maar Buck krabbelde halverwege zijn val weer overeind, en iedereen zakte weer in elkaar.
Buck aveva qualcosa di raro: un'immaginazione nata da un profondo istinto.
Buck had iets zeldzaams: verbeeldingskracht die voortkwam uit een diep instinct.
Combatté per istinto naturale, ma combatté anche con astuzia.
Hij vocht uit natuurlijke drang, maar hij vocht ook met sluwheid.
Tornò ad attaccare come se volesse ripetere il trucco dell'attacco alla spalla.
Hij stormde opnieuw af, alsof hij zijn schouderaanvalstruc herhaalde.
Ma all'ultimo secondo si abbassò e passò sotto Spitz.
Maar op het laatste moment dook hij laag en vloog onder Spitz door.
I suoi denti si bloccarono sulla zampa anteriore sinistra di Spitz con uno schiocco.
Zijn tanden klikten vast op Spitz' linker voorpoot.
Spitz ora era instabile e il suo peso gravava solo su tre zampe.

Spitz stond nu wankel, zijn gewicht rustte op slechts drie poten.
Buck colpì di nuovo e tentò tre volte di atterrarlo.
Buck sloeg opnieuw toe en probeerde hem drie keer omver te werpen.
Al quarto tentativo ha usato la stessa mossa con successo
Bij de vierde poging gebruikte hij dezelfde beweging met succes
Questa volta Buck riuscì a mordere la zampa destra di Spitz.
Deze keer lukte het Buck om Spitz in zijn rechterpoot te bijten.
Spitz, benché storpio e in agonia, continuò a lottare per sopravvivere.
Spitz bleef vechten om te overleven, ook al was hij verlamd en leed hij veel pijn.
Vide il cerchio degli husky stringersi, con le lingue fuori e gli occhi luminosi.
Hij zag de kring van husky's kleiner worden, met hun tong uit hun bek en hun ogen stralend.
Aspettarono di divorarlo, proprio come avevano fatto con gli altri.
Ze wachtten erop hem te verslinden, net zoals ze bij anderen hadden gedaan.
Questa volta era lui al centro, sconfitto e condannato.
Deze keer stond hij in het midden; verslagen en gedoemd.
Ormai il cane bianco non aveva più alcuna possibilità di fuga.
Voor de witte hond was er nu geen ontsnappingsmogelijkheid meer.
Buck non mostrò alcuna pietà, perché la pietà non era a posto nella natura selvaggia.
Buck toonde geen genade, want genade hoort niet thuis in de wildernis.
Buck si mosse con cautela, preparandosi per la carica finale.
Buck bewoog zich voorzichtig en maakte zich klaar voor de laatste aanval.
Il cerchio degli husky si stringeva; lui sentiva i loro respiri caldi.

De kring van husky's sloot zich; hij voelde hun warme adem.
Si accovacciarono, pronti a scattare quando fosse giunto il momento.
Ze hurkten diep, klaar om te springen zodra het moment daar was.
Spitz tremava nella neve, ringhiando e cambiando posizione.
Spitz trilde in de sneeuw, gromde en veranderde van houding.
I suoi occhi brillavano, le labbra si arricciavano, i denti brillavano in un'espressione disperata e minacciosa.
Zijn ogen stonden fel, zijn lippen waren opgetrokken en zijn tanden stonden oog in oog met de dreiging van de dag.
Barcollò, cercando ancora di resistere al freddo morso della morte.
Hij wankelde en probeerde nog steeds de koude, dodelijke beet van zich af te houden.
Aveva già visto situazioni simili, ma sempre dalla parte dei vincitori.
Hij had dit al eerder gezien, maar altijd van de winnende kant.
Ora era dalla parte perdente; lo sconfitto; la preda; la morte.
Nu was hij aan de verliezende kant; de verslagene; de prooi; de dood.
Buck si preparò al colpo finale, mentre il cerchio dei cani si faceva sempre più stretto.
Buck draaide zich om voor de laatste slag, terwijl de kring honden steeds dichterbij kwam.
Poteva sentire i loro respiri caldi; erano pronti a uccidere.
Hij kon hun hete ademhaling voelen; klaar om te doden.
Calò il silenzio; tutto era al suo posto; il tempo si era fermato.
Er ontstond een stilte; alles viel op zijn plaats; de tijd stond stil.
Persino l'aria fredda tra loro si congelò per un ultimo istante.
Zelfs de koude lucht tussen hen bevroor voor een laatste moment.
Soltanto Spitz si mosse, cercando di trattenere la sua fine amara.

Alleen Spitz bewoog en probeerde zijn bittere einde te bedwingen.
Il cerchio dei cani si stava stringendo attorno a lui, come era suo destino.
De kring van honden sloot zich om hem heen, en dat was zijn lot.
Ora era disperato, sapendo cosa stava per accadere.
Hij was nu wanhopig, want hij wist wat er ging gebeuren.
Buck balzò dentro e la sua spalla incontrò la sua spalla per l'ultima volta.
Buck sprong naar voren en raakte elkaars schouders nog een keer.
I cani si lanciarono in avanti, nascondendo Spitz nell'oscurità della neve.
De honden stormden naar voren en beschermden Spitz in de duisternis van de sneeuw.
Buck osservava, eretto e fiero; il vincitore in un mondo selvaggio.
Buck keek toe en stond rechtop; de overwinnaar in een barre wereld.
La bestia primordiale dominante aveva fatto la sua uccisione, e la aveva fatta bene.
Het dominante oerbeest had zijn prooi gevangen, en het was goed.

Colui che ha conquistato la maestria
Hij die het meesterschap heeft gewonnen

"Eh? Cosa ho detto? Dico la verità quando dico che Buck è un diavolo."

"Eh? Wat zei ik? Ik spreek de waarheid als ik zeg dat Buck een duivel is."

François raccontò questo la mattina dopo aver scoperto la scomparsa di Spitz.

François zei dit de volgende ochtend nadat hij Spitz vermist had aangetroffen.

Buck rimase lì, coperto di ferite causate dal violento combattimento.

Buck stond daar, bedekt met wonden van het hevige gevecht.

François tirò Buck vicino al fuoco e indicò le ferite.

François trok Buck naar het vuur en wees naar de verwondingen.

«Quello Spitz ha combattuto come il Devik», disse Perrault, osservando i profondi tagli.

"Die Spitz vocht als een Devik," zei Perrault, terwijl hij naar de diepe wonden keek.

«E quel Buck si batteva come due diavoli», rispose subito François.

"En die Buck heeft gevochten als twee duivels," antwoordde François onmiddellijk.

"Ora faremo buon passo; niente più Spitz, niente più guai."

"Nu gaan we het goedmaken; geen Spitz meer, geen problemen meer."

Perrault stava preparando l'attrezzatura e caricò la slitta con cura.

Perrault was bezig met het inpakken van de spullen en het zorgvuldig beladen van de slee.

François bardò i cani per prepararli alla corsa della giornata.

François tuigde de honden in ter voorbereiding op de hardloopwedstrijd van die dag.

Buck trotterellò dritto verso la posizione di testa, precedentemente occupata da Spitz.

Buck draafde rechtstreeks naar de koppositie die ooit door Spitz werd bekleed.

Ma François, senza accorgersene, condusse Solleks in prima linea.

Maar François merkte het niet en leidde Solleks naar voren.

Secondo François, Solleks era ora il miglior cane da corsa.

Volgens François was Solleks nu de beste leider.

Buck si scagliò furioso contro Solleks e lo respinse indietro in segno di protesta.

Buck sprong woedend op Solleks af en dwong hem uit protest terug.

Si fermò dove un tempo si era fermato Spitz, rivendicando la posizione di comando.

Hij stond waar Spitz ooit had gestaan en eiste de leidende positie op.

"Eh? Eh?" esclamò François, dandosi una pacca sulle cosce divertito.

"Eh? Eh?" riep François, terwijl hij zich vermaakt op zijn dijen sloeg.

"Guarda Buck: ha ucciso Spitz, ora vuole prendersi il posto!"

"Kijk naar Buck, hij heeft Spitz vermoord en nu wil hij de baan!"

"Vattene via, Chook!" urlò, cercando di scacciare Buck.

"Ga weg, Chook!" schreeuwde hij, terwijl hij probeerde Buck weg te jagen.

Ma Buck si rifiutò di muoversi e rimase immobile nella neve.

Maar Buck weigerde te bewegen en bleef stevig in de sneeuw staan.

François afferrò Buck per la collottola e lo trascinò da parte.

François greep Buck bij zijn nekvel en trok hem opzij.

Buck ringhiò basso e minaccioso, ma non attaccò.

Buck gromde zachtjes en dreigend, maar viel niet aan.

François rimette Solleks in testa, cercando di risolvere la disputa

François bracht Solleks weer op voorsprong en probeerde het conflict te beslechten

Il vecchio cane mostrò paura di Buck e non voleva restare.
De oude hond was bang voor Buck en wilde niet blijven.
Quando François gli voltò le spalle, Buck scacciò di nuovo Solleks.
Toen François zich omdraaide, joeg Buck Solleks weer weg.
Solleks non oppose resistenza e si fece di nuovo da parte in silenzio.
Solleks verzette zich niet en stapte opnieuw stilletjes opzij.
François si arrabbiò e urlò: "Per Dio, ti sistemo!"
François werd boos en schreeuwde: "Bij God, ik maak je beter!"
Si avvicinò a Buck tenendo in mano una pesante mazza.
Hij liep op Buck af met een zware knuppel in zijn hand.
Buck ricordava bene l'uomo con il maglione rosso.
Buck kon zich de man in de rode trui nog goed herinneren.
Si ritirò lentamente, osservando François ma ringhiando profondamente.
Hij liep langzaam achteruit, keek François aan en gromde diep.
Non si affrettò a tornare indietro, nemmeno quando Solleks si mise al suo posto.
Hij haastte zich niet terug, zelfs niet toen Solleks zijn plaats innam.
Buck si girò in cerchio, appena fuori dalla sua portata, ringhiando furioso e protestando.
Buck cirkelde net buiten hun bereik en gromde van woede en protest.
Teneva gli occhi fissi sulla mazza, pronto a schivare il colpo se François l'avesse lanciata.
Hij hield zijn ogen op de club gericht, klaar om te ontwijken als François zou gooien.
Era diventato saggio e cauto nei confronti degli uomini che maneggiavano le armi.
Hij was wijzer en op zijn hoede geworden voor de gewoonten van mannen met wapens.
François si arrese e chiamò di nuovo Buck al suo vecchio posto.

François gaf het op en riep Buck weer naar zijn oude plek.
Ma Buck fece un passo indietro con cautela, rifiutandosi di obbedire all'ordine.
Maar Buck deed voorzichtig een stap achteruit en weigerde het bevel op te volgen.
François lo seguì, ma Buck indietreggiò solo di pochi passi.
François volgde, maar Buck deed nog maar een paar stappen achteruit.
Dopo un po' François gettò a terra l'arma, frustrato.
Na een tijdje gooide François uit frustratie het wapen op de grond.
Pensava che Buck avesse paura di essere picchiato e che avrebbe fatto lo stesso senza far rumore.
Hij dacht dat Buck bang was voor een pak slaag en stilletjes zou komen.
Ma Buck non stava evitando la punizione: stava lottando per ottenere un rango.
Maar Buck wilde zijn straf niet ontlopen; hij vocht voor zijn rang.
Si era guadagnato il posto di capobranco combattendo fino alla morte
Hij had de leidende positie verdiend door een gevecht op leven en dood
non si sarebbe accontentato di niente di meno che di essere il leader.
Hij zou met niets minder genoegen nemen dan de leider.

Perrault si unì all'inseguimento per aiutare a catturare il ribelle Buck.
Perrault bemoeide zich met de achtervolging om de opstandige Buck te vangen.
Insieme lo portarono in giro per l'accampamento per quasi un'ora.
Samen renden ze hem bijna een uur lang rond in het kamp.
Gli scagliarono contro dei bastoni, ma Buck li schivò abilmente uno per uno.

Ze gooiden knuppels naar hem, maar Buck wist ze allemaal
behendig te ontwijken.
**Maledissero lui, i suoi antenati, i suoi discendenti e ogni suo
capello.**
Ze vervloekten hem, zijn voorouders, zijn nakomelingen en
elke haar op hem.
**Ma Buck si limitò a ringhiare e a restare appena fuori dalla
loro portata.**
Maar Buck grauwde alleen maar en bleef net buiten hun
bereik.
**Non cercò mai di scappare, ma continuò a girare intorno
all'accampamento deliberatamente.**
Hij probeerde nooit weg te rennen, maar liep doelbewust om
het kamp heen.
**Disse chiaramente che avrebbe obbedito una volta ottenuto
ciò che voleva.**
Hij maakte duidelijk dat hij zou gehoorzamen zodra ze hem
gaven wat hij wilde.
Alla fine François si sedette e si grattò la testa, frustrato.
François ging uiteindelijk zitten en krabde gefrustreerd aan
zijn hoofd.
**Perrault controllò l'orologio, imprecò e borbottò qualcosa sul
tempo perso.**
Perrault keek op zijn horloge, vloekte en mompelde over de
verloren tijd.
**Era già trascorsa un'ora, mentre avrebbero dovuto essere
sulle tracce.**
Er was al een uur verstreken terwijl ze eigenlijk al op pad
hadden moeten zijn.
**François alzò le spalle timidamente, guardando il corriere,
che sospirò sconfitto.**
François haalde verlegen zijn schouders op naar de koerier,
die verslagen zuchtte.
**Poi François si avvicinò a Solleks e chiamò ancora una volta
Buck.**
Toen liep François naar Solleks en riep nogmaals naar Buck.

Buck rise come ride un cane, ma mantenne una cauta distanza.
Buck lachte zoals een hond lacht, maar bleef op een voorzichtige afstand.
François tolse l'imbracatura a Solleks e lo rimise al suo posto.
François deed het harnas van Solleks af en zette hem terug op zijn plek.
La squadra di slittini era completamente imbracata, con un solo posto libero.
Het sleeteam stond volledig uitgerust, met slechts één plekje vrij.
La posizione di comando rimase vuota, chiaramente riservata solo a Buck.
De koppositie bleef leeg en was duidelijk alleen voor Buck bedoeld.
François chiamò di nuovo e di nuovo Buck rise e mantenne la sua posizione.
François riep nog eens, en opnieuw lachte Buck en hield hij stand.
«Gettate giù la mazza», ordinò Perrault senza esitazione.
"Gooi de knuppel neer", beval Perrault zonder aarzeling.
François obbedì e Buck si lanciò subito avanti con orgoglio.
François gehoorzaamde en Buck draafde meteen trots naar voren.
Rise trionfante e assunse la posizione di comando.
Hij lachte triomfantelijk en nam de leiding over.
François fissò le corde e la slitta si staccò.
François stelde zijn sporen veilig en de slee brak los.
Entrambi gli uomini corsero fianco a fianco mentre la squadra si lanciava lungo il sentiero del fiume.
Beide mannen renden naast elkaar toen het team richting het rivierpad rende.
François aveva avuto una grande stima dei "due diavoli" di Buck,
François had een hoge dunk van Bucks "twee duivels",

ma ben presto si rese conto di aver in realtà sottovalutato il cane.
maar al snel besefte hij dat hij de hond eigenlijk had onderschat.
Buck assunse rapidamente la leadership e si comportò in modo eccellente.
Buck nam snel de leiding op zich en presteerde uitstekend.
Buck superò Spitz per capacità di giudizio, rapidità di pensiero e rapidità di azione.
Buck overtrof Spitz qua oordeel, snelle denken en snelle actie.
François non aveva mai visto un cane pari a quello che Buck mostrava ora.
François had nog nooit een hond gezien die kon tippen aan wat Buck nu liet zien.
Ma Buck eccelleva davvero nel far rispettare l'ordine e nel imporre rispetto.
Maar Buck blonk vooral uit in het handhaven van orde en het afdwingen van respect.
Dave e Solleks accettarono il cambiamento senza preoccupazioni o proteste.
Dave en Solleks accepteerden de verandering zonder zorgen of protest.
Si concentravano solo sul lavoro e tiravano forte le redini.
Ze concentreerden zich alleen op het werk en het hard aanhalen van de teugels.
A loro importava poco chi guidasse, purché la slitta continuasse a muoversi.
Het maakte hen niet uit wie de leiding had, zolang de slee maar bleef rijden.
Billee, quella allegra, avrebbe potuto comandare per quel che volevano.
Billee, de vrolijke dame, had wat hen betreft de leiding kunnen nemen.
Ciò che contava per loro era la pace e l'ordine tra i ranghi.
Wat voor hen telde, was vrede en orde in de gelederen.

Il resto della squadra era diventato indisciplinato durante il declino di Spitz.
De rest van het team was tijdens Spitz' achteruitgang onhandelbaar geworden.
Rimasero scioccati quando Buck li riportò immediatamente all'ordine.
Ze waren geschokt toen Buck hen meteen tot orde riep.
Pike era sempre stato pigro e aveva sempre tergiversato dietro a Buck.
Pike was altijd lui en liep altijd achter Buck aan.
Ma ora è stato severamente disciplinato dalla nuova leadership.
Maar nu werd hij streng aangepakt door de nieuwe leiding.
E imparò rapidamente a dare il suo contributo alla squadra.
En hij leerde al snel hoe hij zijn steentje bij kon dragen aan het team.
Alla fine della giornata, Pike lavorò più duramente che mai.
Aan het eind van de dag werkte Pike harder dan ooit tevoren.
Quella notte all'accampamento, Joe, il cane scontroso, fu finalmente domato.
Die nacht in het kamp was Joe, de boze hond, eindelijk onder controle.
Spitz non era riuscito a disciplinarlo, ma Buck non aveva fallito.
Spitz had hem niet kunnen disciplineren, maar Buck faalde niet.
Sfruttando il suo peso maggiore, Buck sopraffece Joe in pochi secondi.
Met zijn grotere gewicht overmeesterde Buck Joe binnen enkele seconden.
Morse e picchiò Joe finché questi non si mise a piagnucolare e smise di opporre resistenza.
Hij beet en sloeg Joe tot hij begon te janken en zich niet meer verzette.
Da quel momento in poi l'intera squadra migliorò.
Vanaf dat moment ging het hele team vooruit.
I cani ritrovarono la loro antica unità e disciplina.

De honden herwonnen hun oude eenheid en discipline.
A Rink Rapids si sono uniti al gruppo due nuovi husky autoctoni, Teek e Koona.
Bij Rink Rapids sloten zich twee nieuwe inheemse husky's aan: Teek en Koona.
La rapidità con cui Buck li addestramento stupì perfino François.
Zelfs François was verbaasd hoe snel Buck ze trainde.
"Non è mai esistito un cane come quel Buck!" esclamò stupito.
"Er is nog nooit zo'n hond geweest als die Buck!" riep hij verbaasd.
"No, mai! Vale mille dollari, per Dio!"
"Nee, nooit! Hij is duizend dollar waard, bij God!"
"Eh? Che ne dici, Perrault?" chiese con orgoglio.
"Eh? Wat zeg je ervan, Perrault?" vroeg hij trots.
Perrault annuì in segno di assenso e controllò i suoi appunti.
Perrault knikte instemmend en controleerde zijn aantekeningen.
Siamo già in anticipo sui tempi e guadagniamo sempre di più ogni giorno.
We liggen al voor op schema en elke dag boeken we meer vooruitgang.
Il sentiero era compatto e liscio, senza neve fresca.
Het pad was hard en glad, zonder verse sneeuw.
Il freddo era costante, con temperature che si aggiravano sempre sui cinquanta gradi sotto zero.
Het was voortdurend koud, met temperaturen rond de vijftig graden onder nul.
Per scaldarsi e guadagnare tempo, gli uomini si alternavano a cavallo e a correre.
De mannen reden en renden om de beurt om warm te blijven en tijd te winnen.
I cani correvano veloci, fermandosi di rado, spingendosi sempre in avanti.
De honden renden snel, stopten maar zelden en duwden altijd vooruit.

Il fiume Thirty Mile era per la maggior parte ghiacciato e facile da attraversare.
De Thirty Mile River was grotendeels bevroren en gemakkelijk over te steken.
In un giorno realizzarono ciò che per arrivare aveva impiegato dieci giorni.
Wat eerst tien dagen had geduurd, gingen ze in één dag weg.
Percorsero circa 96 chilometri dal lago Le Barge a White Horse.
Ze legden een afstand van honderd kilometer af van Lake Le Barge naar White Horse.
Si muovevano a velocità incredibile attraverso i laghi Marsh, Tagish e Bennett.
Ze bewogen zich ongelooflijk snel over Marsh, Tagish en Bennett Lakes.
L'uomo che correva veniva trainato dietro la slitta con una corda.
De rennende man werd aan een touw achter de slee getrokken.
L'ultima notte della seconda settimana giunsero a destinazione.
Op de laatste avond van de tweede week kwamen ze op hun bestemming aan.
Insieme avevano raggiunto la cima del White Pass.
Ze bereikten samen de top van White Pass.
Scesero fino al livello del mare, con le luci dello Skaguay sotto di loro.
Ze daalden af naar zeeniveau, met de lichten van Skaguay onder zich.
Era stata una corsa da record attraverso chilometri di fredda natura selvaggia.
Het was een recordbrekende tocht door kilometers koude wildernis.
Per quattordici giorni di fila percorsero in media circa quaranta miglia.
Veertien dagen lang legden ze gemiddeld ruim 64 kilometer af.

A Skaguay, Perrault e François trasportavano merci attraverso la città.
In Skaguay vervoerden Perrault en François vracht door de stad.
Furono applauditi e ricevettero numerose bevande dalla folla ammirata.
Ze werden toegejuicht en kregen veel drankjes aangeboden door de bewonderende menigte.
I cacciatori di cani e gli operai si sono riuniti attorno alla famosa squadra cinofila.
Hondenbestrijders en werklieden verzamelden zich rond het beroemde hondenspan.
Poi i fuorilegge del West giunsero in città e subirono una violenta sconfitta.
Toen kwamen er criminelen uit het westen naar de stad en zij leden een zware nederlaag.
La gente si dimenticò presto della squadra e si concentrò sul nuovo dramma.
Al snel vergaten de mensen het team en richtten zich op het nieuwe drama.
Poi arrivarono i nuovi ordini che cambiarono tutto in un colpo.
Toen kwamen er nieuwe bevelen die alles in één keer veranderden.
François chiamò Buck e lo abbracciò con orgoglio e lacrime.
François riep Buck bij zich en omhelsde hem met tranen in zijn ogen en trots.
Quel momento fu l'ultima volta che Buck vide di nuovo François.
Dat moment was de laatste keer dat Buck François nog zag.
Come molti altri uomini prima di lui, sia François che Perrault se n'erano andati.
Net als veel mannen daarvoor waren François en Perrault verdwenen.
Un meticcio scozzese si prese cura di Buck e dei suoi compagni di squadra con i cani da slitta.

Een Schotse halfbloed nam de leiding over Buck en zijn sledehondencollega's.
Con una dozzina di altre mute di cani, ritornarono lungo il sentiero fino a Dawson.
Samen met nog een tiental andere hondenteams keerden ze over het pad terug naar Dawson.
Non si trattava più di una corsa veloce, ma solo di un duro lavoro con un carico pesante ogni giorno.
Het was nu geen snelle run meer, maar gewoon zwaar werk met een zware last elke dag.
Si trattava del treno postale che portava notizie ai cercatori d'oro vicino al Polo.
Dit was de posttrein die berichten bracht naar goudzoekers in de buurt van de Noordpool.
Buck non amava il lavoro, ma lo sopportò bene, essendo orgoglioso del suo impegno.
Buck vond het werk niet leuk, maar hij verdroeg het goed en was trots op zijn inzet.
Come Dave e Solleks, Buck dimostrava dedizione in ogni compito quotidiano.
Net als Dave en Solleks toonde Buck toewijding aan elke dagelijkse taak.
Si è assicurato che tutti i suoi compagni di squadra dessero il massimo.
Hij zorgde ervoor dat al zijn teamgenoten hun steentje bijdroegen.
La vita sui sentieri divenne noiosa e si ripeteva con la precisione di una macchina.
Het leven op de paden werd saai en herhaalde zich met de precisie van een machine.
Ogni giorno era uguale, una mattina si fondeva con quella successiva.
Elke dag voelde hetzelfde, de ene ochtend liep over in de andere.
Alla stessa ora, i cuochi si alzarono per accendere il fuoco e preparare il cibo.

Op hetzelfde uur begonnen de koks met het stoken van vuren en het bereiden van het eten.

Dopo colazione alcuni lasciarono l'accampamento mentre altri attaccarono i cani.

Na het ontbijt verlieten sommigen het kamp, terwijl anderen de honden inspanden.

Raggiunsero il sentiero prima che il pallido segnale dell'alba sfiorasse il cielo.

Ze bereikten het pad nog voordat de schemering de hemel bereikte.

Di notte si fermavano per accamparsi, e a ogni uomo veniva assegnato un compito.

's Nachts stopten ze om hun kamp op te zetten. Iedere man had een vaste taak.

Alcuni montarono le tende, altri tagliarono la legna da ardere e raccolsero rami di pino.

Sommigen zetten hun tenten op, anderen hakten brandhout en verzamelden dennentakken.

Acqua o ghiaccio venivano portati ai cuochi per la cena serale.

Voor het avondmaal werd er water of ijs naar de koks gebracht.

I cani vennero nutriti e per loro quello fu il momento migliore della giornata.

De honden kregen eten en voor hen was dit het beste moment van de dag.

Dopo aver mangiato il pesce, i cani si rilassarono e oziarono vicino al fuoco.

Nadat ze vis hadden gegeten, ontspanden de honden zich bij het vuur.

Nel convoglio c'erano un centinaio di altri cani con cui socializzare.

Er waren nog honderd andere honden in het konvooi waarmee ze konden omgaan.

Molti di quei cani erano feroci e pronti a combattere senza preavviso.

Veel van die honden waren fel en gingen zonder waarschuwing meteen vechten.

Ma dopo tre vittorie, Buck riuscì a domare anche i combattenti più feroci.

Maar na drie overwinningen was Buck zelfs de meest geduchte vechters de baas.

Ora, quando Buck ringhiò e mostrò i denti, loro si fecero da parte.

Toen Buck gromde en zijn tanden liet zien, deden ze een stap opzij.

Forse la cosa più bella di tutte era che a Buck piaceva sdraiarsi vicino al fuoco tremolante.

Het allerleukste was misschien nog wel dat Buck het heerlijk vond om bij het knisperende kampvuur te liggen.

Si accovacciò, con le zampe posteriori ripiegate e quelle anteriori distese in avanti.

Hij hurkte neer met zijn achterpoten ingetrokken en zijn voorpoten naar voren gestrekt.

Teneva la testa sollevata e sbatteva dolcemente le palpebre verso le fiamme ardenti.

Hij hief zijn hoofd op en knipperde zachtjes met zijn ogen naar de gloeiende vlammen.

A volte ricordava la grande casa del giudice Miller a Santa Clara.

Soms dacht hij aan het grote huis van rechter Miller in Santa Clara.

Pensò alla piscina di cemento, a Ysabel e al carlino di nome Toots.

Hij dacht aan het betonnen zwembad, aan Ysabel en aan de mopshond Toots.

Ma più spesso si ricordava del bastone dell'uomo con il maglione rosso.

Maar vaker dacht hij aan de man met de knots van de rode trui.

Ricordava la morte di Curly e la sua feroce battaglia con Spitz.

Hij herinnerde zich de dood van Krullend en zijn hevige strijd met Spitz.

Ricordava anche il buon cibo che aveva mangiato o che ancora sognava.

Hij dacht ook terug aan het lekkere eten dat hij had gegeten of waarvan hij nog droomde.

Buck non aveva nostalgia di casa: la valle calda era lontana e irreale.

Buck had geen heimwee: de warme vallei was ver weg en onwerkelijk.

I ricordi della California non avevano più alcun fascino su di lui.

De herinneringen aan Californië hadden geen enkele aantrekkingskracht meer op hem.

Più forti della memoria erano gli istinti radicati nella sua stirpe.

Sterker dan zijn herinnering waren de instincten diep in zijn bloedlijn.

Le abitudini un tempo perdute erano tornate, ravvivate dal sentiero e dalla natura selvaggia.

Gewoontes die ooit verloren waren gegaan, kwamen terug, nieuw leven ingeblazen door het pad en de wildernis.

Mentre Buck osservava la luce del fuoco, a volte questa diventava qualcos'altro.

Terwijl Buck naar het vuurlicht keek, veranderde het soms in iets anders.

Vide alla luce del fuoco un altro fuoco, più vecchio e più profondo di quello attuale.

Hij zag in het vuurschijnsel een ander vuur, ouder en dieper dan het huidige vuur.

Accanto all'altro fuoco era accovacciato un uomo che non somigliava per niente al cuoco meticcio.

Naast dat andere vuur hurkte een man, die heel anders was dan de halfbloedkok.

Questa figura aveva gambe corte, braccia lunghe e muscoli duri e contratti.

Deze figuur had korte benen, lange armen en harde, geknoopte spieren.
I suoi capelli erano lunghi e arruffati, e gli scendevano all'indietro a partire dagli occhi.
Zijn haar was lang en klittig en hing achter zijn ogen.
Emetteva strani suoni e fissava l'oscurità con paura.
Hij maakte vreemde geluiden en staarde angstig in de duisternis.
Teneva bassa una mazza di pietra, stretta saldamente nella sua mano lunga e ruvida.
Hij hield een stenen knuppel stevig vast in zijn lange, ruwe hand.
L'uomo indossava ben poco: solo una pelle carbonizzata che gli pendeva lungo la schiena.
De man droeg weinig, alleen een verkoolde huid die over zijn rug hing.
Il suo corpo era ricoperto da una folta peluria sulle braccia, sul petto e sulle cosce.
Zijn lichaam was bedekt met dik haar op zijn armen, borst en dijen.
Alcune parti del pelo erano aggrovigliate e formavano chiazze di pelo ruvido.
Sommige delen van het haar zaten verstrengeld in stukken ruwe vacht.
Non stava dritto, ma era piegato in avanti dai fianchi alle ginocchia.
Hij stond niet rechtop, maar boog voorover van zijn heupen tot zijn knieën.
I suoi passi erano elastici e felini, come se fosse sempre pronto a scattare.
Zijn stappen waren veerkrachtig en als van een kat, alsof hij altijd klaar was om te springen.
C'era una forte allerta, come se vivesse nella paura costante.
Er heerste een scherpe alertheid, alsof hij in voortdurende angst leefde.

Quest'uomo anziano sembrava aspettarsi il pericolo, indipendentemente dal fatto che questo venisse visto o meno.
Deze oude man leek gevaar te verwachten, of hij het gevaar nu zag of niet.
A volte l'uomo peloso dormiva accanto al fuoco, con la testa tra le gambe.
Soms sliep de harige man bij het vuur, met zijn hoofd tussen zijn benen.
Teneva i gomiti sulle ginocchia e le mani giunte sopra la testa.
Zijn ellebogen rustten op zijn knieën en zijn handen waren boven zijn hoofd gevouwen.
Come un cane, usava le sue braccia pelose per proteggersi dalla pioggia che cadeva.
Als een hond gebruikte hij zijn harige armen om de vallende regen van zich af te schudden.
Oltre la luce del fuoco, Buck vide due carboni ardenti che ardevano nell'oscurità.
Buiten het schijnsel van het vuur zag Buck twee gloeiende kooltjes in het donker.
Sempre a due a due, erano gli occhi delle bestie da preda.
Altijd twee aan twee, vormden ze de ogen van sluipende roofdieren.
Sentì corpi che si infrangevano tra i cespugli e rumori provenienti dalla notte.
Hij hoorde lichamen door het struikgewas breken en hij hoorde geluiden in de nacht.
Sdraiato sulla riva dello Yukon, sbattendo le palpebre, Buck sognò accanto al fuoco.
Buck lag knipperend op de oever van de Yukon en droomde bij het vuur.
Le immagini e i suoni di quel mondo selvaggio gli fecero rizzare i capelli.
De aanblik en de geluiden van die wilde wereld bezorgden hem kippenvel.

La pelliccia gli si drizzò lungo la schiena, sulle spalle e sul collo.
De vacht reikte tot op zijn rug, zijn schouders en zijn nek.
Gemeva piano o emetteva un ringhio basso dal profondo del petto.
Hij jankte zachtjes of gromde diep in zijn borst.
Allora il cuoco meticcio urlò: "Ehi, Buck, svegliati!"
Toen riep de halfbloedkok: "Hé, jij Buck, word wakker!"
Il mondo dei sogni svanì e la vera vita tornò agli occhi di Buck.
De droomwereld verdween en Buck zag weer het echte leven.
Si sarebbe alzato, si sarebbe stiracchiato e avrebbe sbadigliato, come se si fosse svegliato da un pisolino.
Hij stond op, strekte zich uit en gaapte, alsof hij uit een dutje was ontwaakt.
Il viaggio era duro, con la slitta postale che li trascinava dietro.
De tocht was zwaar, met de postslee die achter hen aan sleepte.
Carichi pesanti e lavoro duro sfinivano i cani ogni lunga giornata.
Zware lasten en zwaar werk waren voor de honden iedere dag weer een uitdaging.
Arrivarono a Dawson magro, stanco e con bisogno di più di una settimana di riposo.
Ze kwamen uitgeput en moe aan in Dawson, en hadden meer dan een week rust nodig.
Ma solo due giorni dopo ripartirono per lo Yukon.
Maar slechts twee dagen later voeren ze opnieuw de Yukon op.
Erano carichi di altre lettere dirette al mondo esterno.
Ze waren geladen met nog meer brieven bestemd voor de buitenwereld.
I cani erano esausti e gli uomini si lamentavano in continuazione.
De honden waren uitgeput en de mannen klaagden voortdurend.

Ogni giorno cadeva la neve, ammorbidendo il sentiero e rallentando le slitte.
Er viel elke dag sneeuw, waardoor het pad zachter werd en de sleden langzamer gingen rijden.
Ciò rendeva la trazione più dura e aumentava la resistenza delle guide.
Dit zorgde ervoor dat er harder getrokken moest worden en er meer weerstand was voor de lopers.
Nonostante ciò, i piloti si sono dimostrati leali e hanno avuto cura delle loro squadre.
Desondanks waren de coureurs eerlijk en zorgden ze goed voor hun teams.
Ogni notte, i cani venivano nutriti prima che gli uomini mangiassero.
Elke avond werden de honden gevoerd, voordat de mannen aan de beurt waren.
Nessun uomo dormiva prima di controllare le zampe del proprio cane.
Niemand sliep voordat hij de poten van zijn eigen hond had gecontroleerd.
Tuttavia, i cani diventavano sempre più deboli man mano che i chilometri consumavano i loro corpi.
Toch werden de honden zwakker naarmate de kilometers vorderden.
Avevano viaggiato per milleottocento miglia durante l'inverno.
Ze hadden achttienhonderd mijl afgelegd tijdens de winter.
Percorrevano ogni miglio di quella distanza brutale trainando le slitte.
Ze trokken sleden over elke kilometer van die verschrikkelijke afstand.
Anche i cani da slitta più resistenti provano tensione dopo tanti chilometri.
Zelfs de sterkste sledehonden voelen spanning na zoveel kilometers.
Buck tenne duro, fece sì che la sua squadra lavorasse e mantenne la disciplina.

Buck hield vol, hield zijn team aan het werk en handhaafde de discipline.
Ma Buck era stanco, proprio come gli altri durante il lungo viaggio.
Maar Buck was moe, net als de anderen op de lange reis.
Billee piagnucolava e piangeva nel sonno ogni notte, senza sosta.
Billee jankte en huilde iedere nacht onophoudelijk in zijn slaap.
Joe diventò ancora più amareggiato e Solleks rimase freddo e distante.
Joe werd steeds bitterder en Solleks bleef koud en afstandelijk.
Ma è stato Dave a soffrire di più di tutta la squadra.
Maar van het hele team was het vooral Dave die het zwaarst te verduren kreeg.
Qualcosa dentro di lui era andato storto, anche se nessuno sapeva cosa.
Er was iets misgegaan in hem, maar niemand wist wat.
Divenne più lunatico e aggredì gli altri con rabbia crescente.
Hij werd humeuriger en viel anderen steeds bozer aan.
Ogni notte andava dritto al suo nido, in attesa di essere nutrito.
Elke avond ging hij rechtstreeks naar zijn nest, wachtend om gevoed te worden.
Una volta a terra, Dave non si alzò più fino al mattino.
Toen Dave eenmaal gevallen was, stond hij pas de volgende ochtend weer op.
Sulle redini, gli improvvisi strattoni o sussulti lo facevano gridare di dolore.
Plotselinge rukken en schokken aan de teugels zorgden ervoor dat hij het uitschreeuwde van de pijn.
L'autista ha cercato di capirne la causa, ma non ha trovato ferite.
Zijn chauffeur zocht naar de oorzaak, maar vond geen verwondingen bij hem.
Tutti gli autisti cominciarono a osservare Dave e a discutere del suo caso.

Alle chauffeurs keken naar Dave en bespraken zijn zaak.
Parlarono durante i pasti e durante l'ultima sigaretta della giornata.
Ze praatten tijdens de maaltijden en tijdens hun laatste sigaret van de dag.
Una notte tennero una riunione e portarono Dave al fuoco.
Op een avond hielden ze een vergadering en namen Dave mee naar het vuur.
Gli premevano e palpavano il corpo e lui gridava spesso.
Ze drukten en onderzochten zijn lichaam, en hij schreeuwde voortdurend.
Era evidente che qualcosa non andava, anche se non sembrava esserci nessuna frattura.
Er was duidelijk iets mis, al leken er geen botten gebroken te zijn.
Quando arrivarono al Cassiar Bar, Dave stava cadendo.
Tegen de tijd dat ze Cassiar Bar bereikten, begon Dave te vallen.
Il meticcio scozzese impose uno stop e rimosse Dave dalla squadra.
De Schotse halfbloed hield ermee op en haalde Dave uit het team.
Fissò Solleks al posto di Dave, il più vicino possibile alla parte anteriore della slitta.
Hij bevestigde Solleks op de plek van Dave, het dichtst bij de voorkant van de slee.
Voleva lasciare che Dave riposasse e corresse libero dietro la slitta in movimento.
Hij wilde Dave laten uitrusten en vrij achter de rijdende slee laten rondrennen.
Ma nonostante la malattia, Dave odiava che gli venisse tolto il lavoro che aveva ricoperto.
Maar zelfs als Dave ziek was, vond hij het vreselijk om ontslagen te worden uit zijn oude baan.
Ringhiò e piagnucolò quando gli strapparono le redini dal corpo.

Hij gromde en jankte toen de teugels van zijn lichaam werden getrokken.

Quando vide Solleks al suo posto, pianse disperato.

Toen hij zag dat Solleks in zijn plaats was, huilde hij van gebroken pijn.

L'orgoglio per il lavoro sui sentieri era profondo in Dave, anche quando la morte si avvicinava.

Dave voelde een diepe trots voor het werk dat hij deed, zelfs toen de dood naderde.

Mentre la slitta si muoveva, Dave arrancava nella neve soffice vicino al sentiero.

Terwijl de slee voortbewoog, strompelde Dave door de zachte sneeuw vlak bij het pad.

Attaccò Solleks, mordendolo e spingendolo giù dal lato della slitta.

Hij viel Solleks aan, beet hem en duwde hem van de zijkant van de slee.

Dave cercò di saltare nell'imbracatura e di riprendersi il suo posto di lavoro.

Dave probeerde in het harnas te springen en zijn werkplek terug te krijgen.

Lui guaiva, si lamentava e piangeva, diviso tra il dolore e l'orgoglio del parto.

Hij gilde, jammerde en huilde, verscheurd tussen de pijn en de trots van de bevalling.

Il meticcio usò la frusta per cercare di allontanare Dave dalla squadra.

De halfbloed probeerde Dave met zijn zweep bij het team weg te jagen.

Ma Dave ignorò la frustata e l'uomo non riuscì a colpirlo più forte.

Maar Dave negeerde de zweepslagen en de man kon hem niet harder slaan.

Dave rifiutò il sentiero più facile dietro la slitta, dove la neve era compatta.

Dave weigerde het gemakkelijkere pad achter de slee te nemen, waar veel sneeuw lag.

Invece, si ritrovò a lottare nella neve profonda, ai lati del sentiero, in preda alla miseria.
In plaats daarvan worstelde hij zich ellendig voort in de diepe sneeuw naast het pad.
Alla fine Dave crollò, giacendo sulla neve e urlando di dolore.
Uiteindelijk zakte Dave in elkaar. Hij lag in de sneeuw en schreeuwde van de pijn.
Lanciò un grido mentre la lunga fila di slitte gli passava accanto una dopo l'altra.
Hij schreeuwde het uit toen de lange rij sleden hem één voor één passeerde.
Tuttavia, con le poche forze che gli rimanevano, si alzò e barcollò dietro di loro.
Toch stond hij, met de kracht die hem nog restte, op en strompelde achter hen aan.
Quando il treno si fermò di nuovo, lo raggiunse e trovò la sua vecchia slitta.
Toen de trein weer stopte, haalde hij hem in en vond zijn oude slee.
Superò con difficoltà le altre squadre e tornò a posizionarsi accanto a Solleks.
Hij liep langs de andere teams en ging weer naast Solleks staan.
Mentre l'autista si fermava per accendere la pipa, Dave colse l'ultima occasione.
Terwijl de chauffeur stopte om zijn pijp op te steken, greep Dave zijn laatste kans.
Quando l'autista tornò e urlò, la squadra non avanzò.
Toen de chauffeur terugkwam en begon te schreeuwen, kwam het team niet verder.
I cani avevano girato la testa, confusi dall'improvviso arresto.
De honden hadden hun kop omgedraaid, verward door de plotselinge stilstand.
Anche il conducente era scioccato: la slitta non si era mossa di un centimetro in avanti.

Ook de bestuurder was geschokt: de slee was geen centimeter vooruit gekomen.
Chiamò gli altri perché venissero a vedere cosa era successo.
Hij riep de anderen om te komen kijken wat er gebeurd was.
Dave aveva masticato le redini di Solleks, spezzandole entrambe.
Dave had de teugels van Solleks doorgebeten en beide paarden waren kapot.
Ora era di nuovo in piedi davanti alla slitta, nella sua giusta posizione.
Nu stond hij voor de slee, weer op de plek waar hij hoorde.
Dave alzò lo sguardo verso l'autista, implorandolo silenziosamente di restare al passo.
Dave keek op naar de bestuurder en smeekte hem in stilte om in het spoor te blijven.
L'autista era perplesso e non sapeva cosa fare per il cane in difficoltà.
De chauffeur was in verwarring en wist niet wat hij met de worstelende hond moest doen.
Gli altri uomini parlavano di cani morti perché li avevano portati fuori.
De andere mannen vertelden over honden die waren gestorven toen ze werden uitgelaten.
Raccontavano di cani vecchi o feriti il cui cuore si era spezzato quando erano stati abbandonati.
Ze vertelden over oude of gewonde honden, wier hart brak toen ze achtergelaten werden.
Concordarono che era un atto di misericordia lasciare che Dave morisse mentre era ancora imbrigliato.
Ze waren het erover eens dat het genade was om Dave te laten sterven terwijl hij nog in zijn harnas zat.
Fu rimesso in sicurezza sulla slitta e Dave tirò con orgoglio.
Hij werd weer op de slee vastgemaakt en Dave trok er met trots aan.
Anche se a volte gridava, lavorava come se il dolore potesse essere ignorato.

Hoewel hij af en toe schreeuwde, deed hij alsof de pijn genegeerd kon worden.
Più di una volta cadde e fu trascinato prima di rialzarsi.
Hij viel meerdere keren en werd meegesleurd voordat hij weer opstond.
A un certo punto la slitta gli rotolò addosso e da quel momento in poi zoppicò.
Op een gegeven moment rolde de slee over hem heen en vanaf dat moment liep hij mank.
Nonostante ciò, lavorò finché non raggiunse l'accampamento e poi si sdraiò accanto al fuoco.
Toch werkte hij door tot het kamp bereikt was en daarna ging hij bij het vuur liggen.
Al mattino Dave era troppo debole per muoversi o anche solo per stare in piedi.
Tegen de ochtend was Dave te zwak om te reizen of zelfs maar rechtop te staan.
Al momento di allacciare l'imbracatura, cercò di raggiungere il suo autista con sforzi tremanti.
Terwijl hij zijn harnas omdeed, probeerde hij met trillende kracht zijn chauffeur te bereiken.
Si sforzò di rialzarsi, barcollò e crollò sul terreno innevato.
Hij dwong zichzelf om overeind te komen, wankelde en stortte neer op de besneeuwde grond.
Utilizzando le zampe anteriori, trascinò il suo corpo verso la zona dell'imbracatura.
Met zijn voorpoten sleepte hij zijn lichaam richting het tuiggebied.
Si fece avanti, centimetro dopo centimetro, verso i cani da lavoro.
Hij kroop vooruit, centimeter voor centimeter, in de richting van de werkhonden.
Le forze gli cedettero, ma continuò a muoversi nel suo ultimo disperato tentativo.
Zijn krachten begaven het, maar hij bleef doorgaan in zijn laatste wanhopige poging.

I suoi compagni di squadra lo videro ansimare nella neve, ancora desideroso di unirsi a loro.
Zijn teamgenoten zagen hem naar adem snakken in de sneeuw en verlangden ernaar om zich bij hen te voegen.
Lo sentirono urlare di dolore mentre si lasciavano alle spalle l'accampamento.
Ze hoorden hem huilen van verdriet toen ze het kamp achter zich lieten.
Mentre la squadra svaniva tra gli alberi, il grido di Dave risuonava dietro di loro.
Terwijl het team tussen de bomen verdween, klonk de echo van Dave's geroep achter hen.
Il treno delle slitte si fermò brevemente dopo aver attraversato un tratto di fiume ricco di boschi.
De sleetrein stopte even nadat hij een stuk rivierbos was overgestoken.
Il meticcio scozzese tornò lentamente verso l'accampamento alle sue spalle.
De Schotse halfbloed liep langzaam terug naar het kamp erachter.
Gli uomini smisero di parlare quando lo videro scendere dal treno delle slitte.
De mannen hielden op met praten toen ze hem uit de sleebaan zagen stappen.
Poi un singolo colpo di pistola risuonò chiaro e netto attraverso il sentiero.
Toen klonk er een enkel schot, duidelijk en scherp, over het pad.
L'uomo tornò rapidamente e prese il suo posto senza dire una parola.
De man kwam snel terug en nam zonder een woord zijn plaats in.
Le fruste schioccavano, i campanelli tintinnavano e le slitte avanzavano sulla neve.
Zwepen knalden, bellen rinkelden en de sleden rolden door de sneeuw.
Ma Buck sapeva cosa era successo, come tutti gli altri cani.

Maar Buck wist wat er gebeurd was, en alle andere honden ook.

La fatica delle redini e del sentiero
De arbeid van teugels en pad

Trenta giorni dopo aver lasciato Dawson, la Salt Water Mail raggiunse Skaguay.
Dertig dagen nadat ze Dawson hadden verlaten, bereikte de Salt Water Mail Skaguay.
Buck e i suoi compagni di squadra presero il comando e arrivarono in condizioni pietose.
Buck en zijn teamgenoten namen de leiding en arriveerden in erbarmelijke toestand.
Buck era sceso da 140 a 150 chili.
Buck was van honderdveertig naar honderdvijftien kilo afgevallen.
Gli altri cani, sebbene più piccoli, avevano perso ancora più peso corporeo.
De andere honden waren weliswaar kleiner, maar ze waren nog meer afgevallen.
Pike, che una volta zoppicava fingendo, ora trascinava dietro di sé una gamba veramente ferita.
Pike, die ooit een nep-limper was, sleepte nu een echt geblesseerd been achter zich aan.
Solleks zoppicava gravemente e Dub aveva una scapola slogata.
Solleks liep erg mank en Dub had een schouderbladblessure.
Tutti i cani del team avevano i piedi doloranti a causa delle settimane trascorse sul sentiero ghiacciato.
Alle honden in het team hadden last van hun voeten door de wekenlange tocht over het bevroren pad.
Non avevano più slancio nei loro passi, solo un movimento lento e trascinato.

Hun stappen waren niet meer veerkrachtig, ze bewogen alleen nog maar langzaam en slepend.

I loro piedi colpivano il sentiero con forza e ogni passo aggiungeva ulteriore sforzo al loro corpo.

Hun voeten komen hard op het pad terecht en elke stap zorgt voor meer belasting van hun lichaam.

Non erano malati, erano solo stremati oltre ogni possibile guarigione naturale.

Ze waren niet ziek, maar wel zo uitgeput dat ze niet meer op natuurlijke wijze konden herstellen.

Non si trattava della stanchezza di una giornata faticosa, curata con una notte di riposo.

Dit was niet de vermoeidheid van één zware dag, verholpen door een nachtrust.

Era una stanchezza accumulata lentamente attraverso mesi di sforzi estenuanti.

Het was een uitputting die zich langzaam opbouwde door maandenlange, zware inspanningen.

Non era rimasta alcuna riserva di forze: avevano esaurito ogni energia a loro disposizione.

Er was geen reservemacht meer over, ze hadden alles wat ze hadden opgebruikt.

Ogni muscolo, fibra e cellula del loro corpo era consumato e usurato.

Elke spier, vezel en cel in hun lichaam was uitgeput en versleten.

E c'era un motivo: avevano percorso duemilacinquecento miglia.

En daar was een reden voor: ze hadden ruim 4000 kilometer afgelegd.

Si erano riposati solo cinque giorni durante le ultime milleottocento miglia.

Tijdens de laatste achttienhonderd mijl hadden ze slechts vijf dagen rust gehad.

Quando giunsero a Skaguay, sembrava che riuscissero a malapena a stare in piedi.

Toen ze Skaguay bereikten, konden ze nauwelijks rechtop staan.

Facevano fatica a tenere le redini strette e a restare davanti alla slitta.

Ze hadden moeite om de teugels strak te houden en voor de slee te blijven.

Nei pendii in discesa riuscivano solo a evitare di essere investiti.

Op de afdaling konden ze alleen ontkomen aan aanrijdingen.

"Continuate a marciare, poveri piedi doloranti", disse l'autista mentre zoppicavano.

"Loop maar door, arme, pijnlijke voeten," zei de chauffeur terwijl ze mank voortliepen.

"Questo è l'ultimo tratto, poi ci prenderemo tutti un lungo riposo, di sicuro."

"Dit is het laatste stuk, daarna krijgen we allemaal nog een lange rustpauze, dat is zeker."

"Un riposo davvero lungo", promise, guardandoli barcollare in avanti.

"Eén echt lange rustpauze," beloofde hij, terwijl hij toekeek hoe ze strompelend verder liepen.

Gli autisti si aspettavano una lunga e necessaria pausa.

De chauffeurs verwachtten dat ze nu een lange, broodnodige pauze zouden krijgen.

Avevano percorso milleduecento miglia con solo due giorni di riposo.

Ze hadden twintighonderd kilometer afgelegd en hadden slechts twee dagen rust gehad.

Per correttezza e ragione, ritenevano di essersi guadagnati un po' di tempo per rilassarsi.

Eerlijkheidshalve vonden ze dat ze tijd hadden verdiend om te ontspannen.

Ma troppi erano giunti nel Klondike e troppo pochi erano rimasti a casa.

Maar er waren te veel mensen naar de Klondike gekomen en te weinig mensen waren thuisgebleven.

Le lettere delle famiglie continuavano ad arrivare, creando pile di posta in ritardo.
Er stroomden brieven van families binnen, waardoor er stapels post ontstonden die te laat waren bezorgd.
Arrivarono gli ordini ufficiali: i nuovi cani della Hudson Bay avrebbero preso il sopravvento.
Er kwamen officiële bevelen binnen: nieuwe Hudson Bay-honden zouden het overnemen.
I cani esausti, ormai considerati inutili, dovevano essere eliminati.
De uitgeputte honden, die nu waardeloos werden genoemd, moesten worden afgevoerd.
Poiché i soldi erano più importanti dei cani, venivano venduti a basso prezzo.
Omdat geld belangrijker was dan honden, moesten ze goedkoop verkocht worden.
Passarono altri tre giorni prima che i cani si accorgessero di quanto fossero deboli.
Er gingen nog eens drie dagen voorbij voordat de honden beseften hoe zwak ze waren.
La quarta mattina, due uomini provenienti dagli Stati Uniti acquistarono l'intera squadra.
Op de vierde ochtend kochten twee mannen uit de Verenigde Staten het hele team.
La vendita comprendeva tutti i cani e le loro imbracature usate.
De verkoop omvatte alle honden, inclusief hun versleten tuig.
Mentre concludevano l'affare, gli uomini si chiamavano tra loro "Hal" e "Charles".
De mannen noemden elkaar 'Hal' en 'Charles' toen ze de deal rond hadden.
Charles era un uomo di mezza età, pallido, con labbra molli e folti baffi.
Charles was van middelbare leeftijd, bleek, had slappe lippen en een opvallend lange snor.
Hal era un giovane, forse diciannove anni, che indossava una cintura imbottita di cartucce.

Hal was een jongeman, misschien negentien jaar oud, die een riem droeg die gevuld was met patronen.

Nella cintura erano contenuti un grosso revolver e un coltello da caccia, entrambi inutilizzati.

Aan de riem zaten een grote revolver en een jachtmes, beide ongebruikt.

Dimostrava quanto fosse inesperto e inadatto alla vita nel Nord.

Het toonde aan hoe onervaren en ongeschikt hij was voor het leven in het noorden.

Nessuno dei due uomini viveva in natura; la loro presenza sfidava ogni ragionevolezza.

Geen van beide mannen hoorde in de wildernis thuis; hun aanwezigheid tartte alle rede.

Buck osservava lo scambio di denaro tra l'acquirente e l'agente.

Buck keek toe hoe er geld werd uitgewisseld tussen de koper en de makelaar.

Sapeva che i conducenti dei treni postali stavano abbandonando la sua vita come tutti gli altri.

Hij wist dat de postmachinisten net als de rest van zijn leven een einde aan zijn leven zouden maken.

Seguirono Perrault e François, ormai scomparsi.

Ze volgden Perrault en François, die inmiddels onherroepelijk verdwenen waren.

Buck e la squadra vennero condotti al disordinato accampamento dei loro nuovi proprietari.

Buck en het team werden naar het slordige kamp van hun nieuwe eigenaren geleid.

La tenda cedeva, i piatti erano sporchi e tutto era in disordine.

De tent was verzakt, de vaat was vies en alles lag in de war.

Anche Buck notò una donna lì: Mercedes, moglie di Charles e sorella di Hal.

Buck zag daar ook een vrouw: Mercedes, de vrouw van Charles en de zus van Hal.

Formavano una famiglia completa, anche se erano tutt'altro che adatti al sentiero.
Ze vormden een compleet gezin, maar waren verre van geschikt voor de tocht.
Buck osservava nervosamente mentre il trio iniziava a impacchettare le provviste.
Buck keek nerveus toe hoe het drietal begon met het inpakken van de spullen.
Lavoravano duro ma senza ordine, solo confusione e sforzi sprecati.
Ze werkten hard, maar zonder orde: alleen maar gedoe en verspilde moeite.
La tenda era arrotolata fino a formare una sagoma ingombrante, decisamente troppo grande per la slitta.
De tent was opgerold tot een omvangrijk geheel, veel te groot voor de slee.
I piatti sporchi venivano imballati senza essere stati né lavati né asciugati.
Vuile vaat werd ingepakt zonder dat het werd schoongemaakt of gedroogd.
Mercedes svolazzava in giro, parlando, correggendo e intromettendosi in continuazione.
Mercedes fladderde heen en weer, voortdurend pratend, corrigerend en bemoeiend.
Quando le misero un sacco davanti, lei insistette perché lo mettesse dietro.
Toen er een zak op de voorkant werd gelegd, stond ze erop dat deze op de achterkant werd gelegd.
Mise il sacco in fondo e un attimo dopo ne ebbe bisogno.
Ze stopte de zak onderin, en het volgende moment had ze hem nodig.
Quindi la slitta venne disimballata di nuovo per raggiungere quella specifica borsa.
Dus werd de slee weer uitgepakt om die ene specifieke tas te pakken.
Lì vicino, tre uomini stavano fuori da una tenda e osservavano la scena che si svolgeva.

Vlakbij stonden drie mannen voor een tent en keken naar het tafereel.

Sorrisero, ammiccarono e sogghignarono di fronte all'evidente confusione dei nuovi arrivati.

Ze glimlachten, knipoogden en grijnsden om de duidelijke verwarring van de nieuwkomers.

"Hai già un carico parecchio pesante", disse uno degli uomini.

"Je hebt al een zware last te dragen", zei een van de mannen.

"Non credo che dovresti portare quella tenda, ma la scelta è tua."

"Ik denk niet dat jij die tent moet dragen, maar het is jouw keuze."

"Impensabile!" esclamò Mercedes, alzando le mani in segno di disperazione.

"Ongekend!" riep Mercedes, terwijl ze haar handen in wanhoop in de lucht gooide.

"Come potrei viaggiare senza una tenda sotto cui dormire?"

"Hoe zou ik ooit kunnen reizen zonder een tent om onder te overnachten?"

«È primavera, non vedrai più il freddo», rispose l'uomo.

"Het is lente, het zal niet meer koud zijn", antwoordde de man.

Ma lei scosse la testa e loro continuarono ad accumulare oggetti sulla slitta.

Maar ze schudde haar hoofd, en ze bleven maar spullen op de slee stapelen.

Il carico era pericolosamente alto mentre aggiungevano gli ultimi oggetti.

Toen ze de laatste dingen toevoegden, was de lading gevaarlijk hoog.

"Pensi che la slitta andrà avanti?" chiese uno degli uomini con aria scettica.

"Denk je dat de slee zal rijden?" vroeg een van de mannen met een sceptische blik.

"E perché non dovrebbe?" ribatté Charles con netto fastidio.

"Waarom zou dat niet?", snauwde Charles met scherpe ergernis terug.

"Oh, va bene", disse rapidamente l'uomo, evitando di offendersi.

"Oh, dat is goed," zei de man snel, terwijl hij zich terugtrok om niet beledigd te worden.

"Mi chiedevo solo: mi sembrava un po' troppo pesante nella parte superiore."

"Ik vroeg het me alleen af, het leek me gewoon een beetje te topzwaar."

Charles si voltò e legò il carico meglio che poté.

Charles draaide zich om en bond de lading zo goed mogelijk vast.

Ma le legature erano allentate e l'imballaggio nel complesso era fatto male.

Maar de bevestigingen zaten los en de verpakking was over het geheel genomen slecht uitgevoerd.

"Certo, i cani tireranno così tutto il giorno", disse sarcasticamente un altro uomo.

"Ja hoor, de honden trekken daar de hele dag aan", zei een andere man sarcastisch.

«Certamente», rispose Hal freddamente, afferrando il lungo timone della slitta.

"Natuurlijk," antwoordde Hal koud, terwijl hij de lange stok van de slee greep.

Tenendo una mano sul palo, faceva roteare la frusta nell'altra.

Met één hand op de paal zwaaide hij met de andere hand de zweep.

"Andiamo!" urlò. "Muovetevi!", incitando i cani a partire.

"Kom op!" riep hij. "Schuif op!" en spoorde de honden aan om te beginnen.

I cani si appoggiarono all'imbracatura e si sforzarono per qualche istante.

De honden leunden een paar ogenblikken tegen het tuig aan en spanden zich in.

Poi si fermarono, incapaci di spostare di un centimetro la slitta sovraccarica.

Toen stopten ze, ze konden de overbelaste slee geen centimeter bewegen.

"Quei fannulloni!" urlò Hal, alzando la frusta per colpirli.

"Die luie beesten!" schreeuwde Hal, terwijl hij de zweep ophief om ze te slaan.

Ma Mercedes si precipitò dentro e strappò la frusta dalle mani di Hal.

Maar Mercedes stormde naar binnen en greep de zweep uit Hals handen.

«Oh, Hal, non osare far loro del male», gridò allarmata.

"Oh, Hal, durf ze geen pijn te doen," riep ze geschrokken.

"Promettimi che sarai gentile con loro, altrimenti non farò un altro passo."

"Beloof me dat je aardig voor ze zult zijn, anders ga ik geen stap verder."

"Non sai niente di cani", scattò Hal contro la sorella.

"Jij weet helemaal niets over honden," snauwde Hal tegen zijn zus.

"Sono pigri e l'unico modo per smuoverli è frustarli."

"Ze zijn lui, en de enige manier om ze te verplaatsen is door ze te geselen."

"Chiedi a chiunque, chiedi a uno di quegli uomini laggiù se dubiti di me."

"Vraag het maar aan iemand - vraag het maar aan een van die mannen daar als je aan mij twijfelt."

Mercedes guardò gli astanti con occhi imploranti e pieni di lacrime.

Mercedes keek de omstanders met smekende, betraande ogen aan.

Il suo viso rivelava quanto odiasse la vista di qualsiasi dolore.

Haar gezicht liet zien hoe verschrikkelijk ze het vond om pijn te zien.

"Sono deboli, tutto qui", ha detto un uomo. "Sono sfiniti."

"Ze zijn zwak, dat is alles," zei een man. "Ze zijn versleten."

"Hanno bisogno di riposare: hanno lavorato troppo a lungo senza una pausa."

"Ze hebben rust nodig, ze hebben te lang zonder pauze gewerkt."

«Che il resto sia maledetto», borbottò Hal arricciando il labbro.

"Vervloekt zij," mompelde Hal met een opgetrokken lip.

Mercedes sussultò, visibilmente addolorata per le parole volgari pronunciate da lui.

Mercedes snakte naar adem. Het was duidelijk dat ze gekwetst was door zijn grove taal.

Ciononostante, lei rimase leale e difese immediatamente il fratello.

Toch bleef ze loyaal en verdedigde ze haar broer meteen.

"Non badare a quell'uomo", disse ad Hal. **"Sono i nostri cani."**

"Trek je niets aan van die man," zei ze tegen Hal. "Het zijn onze honden."

"Li guidi come meglio credi: fai ciò che ritieni giusto."

"Je rijdt ermee zoals je wilt, doe wat je denkt dat juist is."

Hal sollevò la frusta e colpì di nuovo i cani senza pietà.

Hal hief de zweep en sloeg de honden opnieuw genadeloos.

Si lanciarono in avanti, con i corpi bassi e i piedi che affondavano nella neve.

Ze sprongen naar voren, met hun lichamen laag bij de grond en hun voeten in de sneeuw.

Tutta la loro forza era concentrata nel traino, ma la slitta non si muoveva.

Ze zetten al hun kracht in om te trekken, maar de slee kwam niet van zijn plaats.

La slitta rimase bloccata, come un'ancora congelata nella neve compatta.

De slee bleef vastzitten, als een anker vastgevroren in de vastgevroren sneeuw.

Dopo un secondo tentativo, i cani si fermarono di nuovo, ansimando forte.

Na een tweede poging stopten de honden opnieuw, hijgend.

Hal sollevò di nuovo la frusta, proprio mentre Mercedes interferiva di nuovo.

Hal hief de zweep opnieuw op, net toen Mercedes opnieuw tussenbeide kwam.

Si lasciò cadere in ginocchio davanti a Buck e gli abbracciò il collo.

Ze viel op haar knieën voor Buck en sloeg haar armen om zijn nek.

Le lacrime le riempivano gli occhi mentre implorava il cane esausto.

Tranen vulden haar ogen terwijl ze de uitgeputte hond smeekte.

"Poveri cari", disse, "perché non tirate più forte?"

"Jullie arme kinderen," zei ze, "waarom trekken jullie niet gewoon harder?"

"Se tiri, non verrai frustato così."

"Als je trekt, word je niet zo geslagen."

A Buck non piaceva Mercedes, ma ormai era troppo stanco per resisterle.

Buck had een hekel aan Mercedes, maar hij was te moe om haar nu nog te weerstaan.

Lui accettò le sue lacrime come se fossero solo un'altra parte di quella giornata miserabile.

Hij accepteerde haar tranen als gewoon onderdeel van de ellendige dag.

Uno degli uomini che osservavano, dopo aver represso la rabbia, finalmente parlò.

Een van de toekijkende mannen sprak eindelijk, nadat hij zijn woede had ingehouden.

"Non mi interessa cosa succede a voi, ma quei cani sono importanti."

"Het kan me niet schelen wat er met jullie gebeurt, maar die honden zijn belangrijk."

"Se vuoi aiutare, stacca quella slitta: è ghiacciata e innevata."

"Als je wilt helpen, maak dan die slee los - hij zit vastgevroren aan de sneeuw."

"Spingi con forza il palo della luce, a destra e a sinistra, e rompi il sigillo di ghiaccio."

"Druk hard op de gee-paal, rechts en links, en breek de ijsafdichting."

Fu fatto un terzo tentativo, questa volta seguendo il suggerimento dell'uomo.

Er werd een derde poging gedaan, ditmaal op voorstel van de man.

Hal fece oscillare la slitta da una parte all'altra, facendo staccare i pattini.

Hal wiebelde de slee heen en weer, waardoor de glijders loskwamen.

La slitta, benché sovraccarica e scomoda, alla fine sobbalzò in avanti.

De slee, hoewel overbelast en onhandig, kwam uiteindelijk met een schok vooruit.

Buck e gli altri tirarono selvaggiamente, spinti da una tempesta di frustate.

Buck en de anderen trokken wild, voortgedreven door een stortvloed aan zweepslagen.

Un centinaio di metri più avanti, il sentiero curvava e scendeva in pendenza verso la strada.

Honderd meter verderop liep het pad schuin af de straat in.

Ci sarebbe voluto un guidatore esperto per tenere la slitta in posizione verticale.

Het zal een bekwame bestuurder zijn geweest om de slee rechtop te houden.

Hal non era abile e la slitta si ribaltò mentre svoltava.

Hal was niet zo ervaren, en de slee kantelde toen hij de bocht omging.

Le cinghie allentate cedettero e metà del carico si rovesciò sulla neve.

Losse kabels lieten los en de helft van de lading belandde in de sneeuw.

I cani non si fermarono; la slitta più leggera continuò a procedere su un fianco.

De honden bleven niet stoppen; de lichtere slee vloog op zijn kant verder.

I cani, furiosi per i maltrattamenti e per il peso del carico, corsero più veloci.
Boos door de mishandeling en de zware last, renden de honden nog harder.
Buck, infuriato, si lanciò a correre, seguito dalla squadra.
Woedend begon Buck te rennen, gevolgd door het team.
Hal urlò "Whoa! Whoa!" ma la squadra non gli prestò attenzione.
Hal riep "Whoa! Whoa!", maar het team schonk geen aandacht aan hem.
Inciampò, cadde e fu trascinato a terra dall'imbracatura.
Hij struikelde, viel en werd aan het harnas over de grond gesleurd.
La slitta rovesciata lo travolse mentre i cani continuavano a correre avanti.
De omgevallen slee botste over hem heen terwijl de honden vooruit renden.
Il resto delle provviste è sparso lungo la trafficata strada di Skaguay.
De rest van de voorraden lagen verspreid over de drukke straten van Skaguay.
Le persone di buon cuore si precipitarono a fermare i cani e a raccogliere l'attrezzatura.
Vriendelijke mensen schoten te hulp om de honden tegen te houden en de spullen in te pakken.
Diedero anche consigli schietti e pratici ai nuovi viaggiatori.
Ze gaven de nieuwe reizigers ook direct en praktisch advies.
"Se vuoi raggiungere Dawson, prendi metà del carico e raddoppia i cani."
"Als je Dawson wilt bereiken, neem dan de helft van de lading en het dubbele aantal honden."
Hal, Charles e Mercedes ascoltarono, anche se non con entusiasmo.
Hal, Charles en Mercedes luisterden, maar niet met enthousiasme.
Montarono la tenda e cominciarono a sistemare le loro provviste.

Ze zetten hun tent op en begonnen hun spullen te sorteren.
Ne uscirono dei cibi in scatola, che fecero ridere a crepapelle gli astanti.
Er kwam blikvoer tevoorschijn, wat de omstanders hardop deed lachen.
"Roba in scatola sul sentiero? Morirai di fame prima che si sciolga", disse uno.
"Ingeblikt voedsel op de route? Je zult verhongeren voordat dat smelt," zei een van hen.
"Coperte d'albergo? Meglio buttarle via tutte."
Hoteldekens? Je kunt ze beter allemaal weggooien.
"Togli anche la tenda e qui nessuno laverà più i piatti."
"Verlaat ook de tent, en niemand wast hier af."
"Pensi di viaggiare su un treno Pullman con dei servitori a bordo?"
"Denk je dat je in een Pullman-trein zit met bedienden aan boord?"
Il processo ebbe inizio: ogni oggetto inutile venne gettato da parte.
Het proces begon: alle nutteloze voorwerpen werden aan de kant gegooid.
Mercedes pianse quando le sue borse furono svuotate sul terreno innevato.
Mercedes huilde toen haar tassen op de besneeuwde grond werden leeggemaakt.
Singhiozzava per ogni oggetto buttato via, uno per uno, senza sosta.
Ze snikte bij elk voorwerp dat ze weggooide, één voor één, zonder ophouden.
Giurò di non fare un altro passo, nemmeno per dieci Charles.
Ze beloofde geen stap meer te zetten, zelfs niet voor tien Charleses.
Pregò ogni persona vicina di lasciarle conservare le sue cose preziose.
Ze smeekte iedereen in de buurt om haar dierbare bezittingen te mogen houden.

Alla fine si asciugò gli occhi e cominciò a gettare via anche i vestiti più importanti.
Uiteindelijk veegde ze haar ogen af en begon zelfs de belangrijkste kleren weg te gooien.
Una volta terminato il suo, cominciò a svuotare le scorte degli uomini.
Toen ze klaar was met haar eigen spullen, begon ze de voorraden van de mannen leeg te halen.
Come un turbine, fece a pezzi gli effetti personali di Charles e Hal.
Als een wervelwind scheurde ze door de spullen van Charles en Hal.
Sebbene il carico fosse dimezzato, era comunque molto più pesante del necessario.
Hoewel de lading gehalveerd was, was deze nog steeds veel zwaarder dan nodig.
Quella notte, Charles e Hal uscirono e comprarono sei nuovi cani.
Die avond gingen Charles en Hal op stap en kochten zes nieuwe honden.
Questi nuovi cani si unirono ai sei originali, più Teek e Koona.
Deze nieuwe honden voegden zich bij de oorspronkelijke zes, plus Teek en Koona.
Insieme formarono una squadra di quattordici cani attaccati alla slitta.
Samen vormden ze een team van veertien honden, die voor de slee werden gespannen.
Ma i nuovi cani erano inadatti e poco addestrati per il lavoro con la slitta.
Maar de nieuwe honden waren ongeschikt en slecht getraind voor sledewerk.
Tre dei cani erano cani da caccia a pelo corto, mentre uno era un Terranova.
Drie van de honden waren kortharige staande honden en één was een Newfoundlander.

Gli ultimi due cani erano meticci senza alcuna razza o scopo ben definito.
De laatste twee honden waren bastaarden, waarvan geen enkel ras of doel duidelijk was.
Non capivano il percorso e non lo imparavano in fretta.
Ze begrepen het pad niet en ze leerden het niet snel.
Buck e i suoi compagni li osservavano con disprezzo e profonda irritazione.
Buck en zijn maten keken hen met minachting en diepe irritatie aan.
Sebbene Buck insegnasse loro cosa non fare, non poteva insegnare loro il dovere.
Buck leerde hun wat ze niet moesten doen, maar hij kon ze niet leren wat plicht was.
Non amavano la vita sui sentieri né la trazione delle redini e delle slitte.
Ze konden niet goed overweg met het leven op de trail en met de trekkracht van teugels en sleden.
Soltanto i bastardi cercarono di adattarsi, e anche a loro mancava lo spirito combattivo.
Alleen de bastaarden probeerden zich aan te passen, en zelfs zij misten vechtlust.
Gli altri cani erano confusi, indeboliti e distrutti dalla loro nuova vita.
De andere honden waren in de war, verzwakt en gebroken door hun nieuwe leven.
Con i nuovi cani all'oscuro e i vecchi esausti, la speranza era flebile.
De nieuwe honden wisten het niet en de oude waren uitgeput, dus er was weinig hoop.
La squadra di Buck aveva percorso duemilacinquecento miglia di sentiero accidentato.
Bucks team had ruim 4000 kilometer aan ruig parcours afgelegd.
Ciononostante, i due uomini erano allegri e orgogliosi della loro grande squadra di cani.

Toch waren de twee mannen vrolijk en trots op hun grote hondenspan.
Pensavano di viaggiare con stile, con quattordici cani al seguito.
Ze dachten dat ze in stijl reisden, met veertien honden aan boord.
Avevano visto delle slitte partire per Dawson e altre arrivarne.
Ze hadden sleeën naar Dawson zien vertrekken, en er kwamen er ook andere aan.
Ma non ne avevano mai vista una trainata da ben quattordici cani.
Maar ze hadden nog nooit gezien dat een dier door veertien honden werd voortgetrokken.
C'era un motivo per cui squadre del genere erano rare nelle terre selvagge dell'Artico.
Er was een reden waarom zulke teams zeldzaam waren in de wildernis van het Noordpoolgebied.
Nessuna slitta poteva trasportare cibo sufficiente a sfamare quattordici cani per l'intero viaggio.
Geen enkele slee kon genoeg voedsel vervoeren om veertien honden tijdens de reis te voeden.
Ma Charles e Hal non lo sapevano: avevano fatto i calcoli.
Maar Charles en Hal wisten dat niet; ze hadden het al berekend.
Hanno pianificato la razione di cibo: una certa quantità per cane, per un certo numero di giorni, fatta.
Ze berekenden het eten: zoveel per hond, zoveel dagen, en klaar.
Mercedes guardò i numeri e annuì come se avessero senso.
Mercedes keek naar de cijfers en knikte alsof het logisch was.
Tutto le sembrava molto semplice, almeno sulla carta.
Het leek haar allemaal heel eenvoudig, althans op papier.

La mattina seguente, Buck guidò lentamente la squadra lungo la strada innevata.

De volgende morgen leidde Buck het team langzaam door de besneeuwde straat.

Non c'era né energia né spirito in lui e nei cani dietro di lui.
Er zat geen energie of enthousiasme in hem en de honden achter hem.

Erano stanchi morti fin dall'inizio: non avevano più riserve.
Ze waren vanaf het begin al doodop, er was geen reserve meer over.

Buck aveva già fatto quattro viaggi tra Salt Water e Dawson.
Buck had al vier keer tussen Salt Water en Dawson gereisd.

Ora, di fronte alla stessa pista, non provava altro che amarezza.
Nu hij hetzelfde pad weer moest bewandelen, voelde hij niets dan bitterheid.

Il suo cuore non c'era, e nemmeno quello degli altri cani.
Zijn hart was er niet bij, en dat gold ook voor de harten van de andere honden.

I nuovi cani erano timidi e gli husky non si fidavano per niente.
De nieuwe honden waren schuw en de husky's hadden geen enkel vertrouwen.

Buck capì che non poteva fare affidamento su quei due uomini o sulla loro sorella.
Buck voelde dat hij niet op deze twee mannen of hun zus kon vertrouwen.

Non sapevano nulla e non mostravano alcun segno di apprendimento lungo il percorso.
Ze wisten niets en gaven op het pad geen enkel teken van kennis.

Erano disorganizzati e privi di qualsiasi senso di disciplina.
Ze waren ongeorganiseerd en hadden geen enkel gevoel voor discipline.

Ogni volta impiegavano metà della notte per allestire un accampamento malmesso.
Ze waren elke keer de halve nacht bezig om een slordig kamp op te zetten.

E metà della mattina successiva la trascorsero di nuovo armeggiando con la slitta.
En de helft van de volgende ochtend waren ze weer aan het klooien met de slee.
Spesso a mezzogiorno si fermavano solo per sistemare il carico irregolare.
Tegen de middag stopten ze vaak even om de ongelijkmatige lading te repareren.
In alcuni giorni percorsero meno di dieci miglia in totale.
Op sommige dagen legden ze in totaal minder dan 16 kilometer af.
Altri giorni non riuscivano proprio ad abbandonare l'accampamento.
Op andere dagen lukte het hen helemaal niet om het kamp te verlaten.
Non sono mai riusciti a coprire la distanza alimentare prevista.
Ze hebben bij lange na niet de geplande voedselafstand kunnen overbruggen.
Come previsto, il cibo per i cani finì molto presto.
Zoals verwacht was er al snel te weinig voer voor de honden.
Nei primi tempi hanno peggiorato ulteriormente la situazione con l'eccesso di cibo.
Ze maakten de situatie erger door in het begin te veel te voeren.
Ciò rendeva la carestia sempre più vicina, con ogni razione disattenta.
Met elke onzorgvuldige rantsoenering kwam de hongersnood dichterbij.
I nuovi cani non avevano ancora imparato a sopravvivere con molto poco.
De nieuwe honden hadden nog niet geleerd om met heel weinig te overleven.
Mangiarono avidamente, con un appetito troppo grande per il sentiero.
Ze aten hongerig, hun eetlust was te groot voor de tocht.

Vedendo i cani indebolirsi, Hal pensò che il cibo non fosse sufficiente.
Toen Hal zag dat de honden zwakker werden, vond hij dat het eten niet genoeg was.
Raddoppiò le razioni, peggiorando ulteriormente l'errore.
Hij verdubbelde de rantsoenen en maakte de fout daardoor nog erger.
Mercedes aggravò il problema con le sue lacrime e le sue suppliche sommesse.
Mercedes maakte het probleem nog groter met tranen en zachte smeekbeden.
Quando non riuscì a convincere Hal, diede da mangiare ai cani di nascosto.
Toen ze Hal niet kon overtuigen, gaf ze in het geheim de honden te eten.
Rubò il pesce dai sacchi e glielo diede alle spalle.
Ze stal iets uit de zakken met vis en gaf het achter zijn rug om aan hen.
Ma ciò di cui i cani avevano veramente bisogno non era altro cibo: era riposo.
Maar wat de honden werkelijk nodig hadden was niet meer eten, maar rust.
Nonostante la loro scarsa velocità, la pesante slitta continuava a procedere.
Ze reden niet hard, maar de zware slee sleepte zich voort.
Quel peso da solo esauriva ogni giorno le loro forze rimanenti.
Alleen al dat gewicht putte hun laatste krachten uit.
Poi arrivò la fase della sottoalimentazione, quando le scorte scarseggiavano.
Toen kwam de fase van ondervoeding, omdat de voorraden schaarser werden.
Una mattina Hal si accorse che metà del cibo per cani era già finito.
Op een ochtend realiseerde Hal zich dat de helft van het hondenvoer al op was.

Avevano percorso solo un quarto della distanza totale del sentiero.
Ze hadden pas een kwart van de totale afstand van het pad afgelegd.
Non si poteva più comprare cibo, a qualunque prezzo.
Er kon geen voedsel meer gekocht worden, welke prijs er ook geboden werd.
Ridusse le porzioni dei cani al di sotto della razione giornaliera standard.
Hij verlaagde de porties voor de honden tot onder de dagelijkse standaardrantsoenering.
Allo stesso tempo, chiese di viaggiare più a lungo per compensare la perdita.
Tegelijkertijd eiste hij een langere reis om het verlies te compenseren.
Mercedes e Charles appoggiarono questo piano, ma fallirono nella sua realizzazione.
Mercedes en Charles steunden dit plan, maar de uitvoering mislukte.
La loro pesante slitta e la mancanza di abilità rendevano il progresso quasi impossibile.
Hun zware slee en gebrek aan vaardigheid maakten vooruitgang vrijwel onmogelijk.
Era facile dare meno cibo, ma impossibile forzare uno sforzo maggiore.
Het was gemakkelijk om minder voedsel te geven, maar onmogelijk om meer inspanning te leveren.
Non potevano partire prima, né viaggiare per ore extra.
Ze konden niet eerder beginnen en ook niet extra uren reizen.
Non sapevano come gestire i cani, e nemmeno loro stessi, a dire il vero.
Ze wisten niet hoe ze met de honden moesten omgaan, en ze wisten ook niet hoe ze met zichzelf om moesten gaan.
Il primo cane a morire fu Dub, lo sfortunato ma laborioso ladro.
De eerste hond die stierf was Dub, de ongelukkige maar hardwerkende dief.

Sebbene spesso punito, Dub aveva fatto la sua parte senza lamentarsi.
Hoewel Dub vaak werd gestraft, had hij zonder te klagen zijn steentje bijgedragen.
La sua spalla ferita peggiorò se non ricevette cure adeguate e non ebbe bisogno di riposo.
Zijn geblesseerde schouder werd erger als hij niet verzorgd werd en geen rust kreeg.
Alla fine, Hal usò la pistola per porre fine alle sofferenze di Dub.
Uiteindelijk gebruikte Hal de revolver om Dubs lijden te beëindigen.
Un detto comune afferma che i cani normali muoiono se vengono nutriti con razioni di husky.
Er bestaat een bekend gezegde dat normale honden sterven van husky-rantsoenen.
I sei nuovi compagni di Buck avevano ricevuto solo metà della quota di cibo riservata all'husky.
De zes nieuwe metgezellen van Buck kregen slechts de helft van het voedsel van de husky.
Il Terranova morì per primo, seguito dai tre cani da caccia a pelo corto.
De Newfoundlander stierf als eerste, daarna de drie kortharige staande honden.
I due bastardi resistettero più a lungo ma alla fine morirono come gli altri.
De twee bastaarden hielden het langer vol maar gingen uiteindelijk, net als de rest, ten onder.
Ormai tutti i comfort e la gentilezza del Southland erano scomparsi.
Op dat moment waren alle gemakken en de zachtheid van het Zuiden verdwenen.
Le tre persone avevano perso le ultime tracce della loro educazione civile.
De drie personen hadden de laatste resten van hun beschaafde opvoeding afgelegd.

Spogliato di glamour e romanticismo, il viaggio nell'Artico è diventato brutalmente reale.
Zonder enige glamour en romantiek werd reizen naar het Noordpoolgebied een brute realiteit.

Era una realtà troppo dura per il loro senso di virilità e femminilità.
Het was een realiteit die te hard was voor hun gevoel van mannelijkheid en vrouwelijkheid.

Mercedes non piangeva più per i cani, ma piangeva solo per se stessa.
Mercedes huilde niet langer om de honden, maar alleen nog om zichzelf.

Trascorreva il tempo piangendo e litigando con Hal e Charles.
Ze bracht haar tijd huilend en ruziemakend met Hal en Charles door.

Litigare era l'unica cosa per cui non si stancavano mai.
Ruziemaken was het enige waar ze nooit te moe voor waren.

La loro irritabilità derivava dalla miseria, cresceva con essa e la superava.
Hun prikkelbaarheid ontstond uit ellende, groeide ermee en overwon het.

La pazienza del cammino, nota a coloro che faticano e soffrono con generosità, non è mai arrivata.
Het geduld van de tocht, dat alleen zij kennen die hard werken en mild lijden, kwam nooit.

Quella pazienza che rende dolce la parola nonostante il dolore, era a loro sconosciuta.
Dat geduld, dat het spreken zoet houdt ondanks de pijn, was hen onbekend.

Non avevano alcun briciolo di pazienza, nessuna forza derivante dalla sofferenza con grazia.
Ze hadden geen enkel spoor van geduld, geen kracht geput uit het met gratie lijden.

Erano irrigiditi dal dolore: dolori nei muscoli, nelle ossa e nel cuore.

Ze waren stijf van de pijn, het voelde pijn in hun spieren, botten en hart.

Per questo motivo, divennero taglienti nella lingua e pronti a pronunciare parole dure.

Daardoor werden ze scherp van tong en snel met harde woorden.

Ogni giorno iniziava e finiva con voci arrabbiate e lamentele amare.

Elke dag begon en eindigde met boze stemmen en bittere klachten.

Charles e Hal litigavano ogni volta che Mercedes ne dava loro l'occasione.

Charles en Hal begonnen te ruziën wanneer Mercedes hen de kans gaf.

Ogni uomo credeva di aver fatto più del dovuto.

Beide mannen waren ervan overtuigd dat zij meer dan hun eerlijke deel van het werk hadden gedaan.

Nessuno dei due ha mai perso l'occasione di dirlo, ancora e ancora.

En ze lieten allebei geen kans onbenut om dat steeds weer te zeggen.

A volte Mercedes si schierava con Charles, a volte con Hal.

Soms koos Mercedes de kant van Charles, soms die van Hal.

Ciò portò a una grande e infinita lite tra i tre.

Dit leidde tot een grote, eindeloze ruzie tussen de drie.

La disputa su chi dovesse tagliare la legna da ardere divenne incontrollabile.

Er ontstond een dispuut over wie het brandhout mocht hakken.

Ben presto vennero nominati padri, madri, cugini e parenti defunti.

Al snel werden ook de namen van vaders, moeders, neven, nichten en overleden familieleden genoemd.

Le opinioni di Hal sull'arte o sulle opere teatrali di suo zio divennero parte della lotta.

De mening van Hal over kunst of de toneelstukken van zijn oom speelden een rol in de strijd.

Anche le convinzioni politiche di Carlo entrarono nel dibattito.
Ook de politieke opvattingen van Karel kwamen ter sprake.
Per Mercedes, perfino i pettegolezzi della sorella del marito sembravano rilevanti.
Voor Mercedes leken zelfs de roddels van de zus van haar man relevant.
Espresse la sua opinione su questo e su molti dei difetti della famiglia di Charles.
Ze uitte haar mening hierover en over veel van de gebreken van Charles' familie.
Mentre discutevano, il fuoco rimase spento e l'accampamento mezzo allestito.
Terwijl ze ruzieden, bleef het vuur uit en het kamp half bezet.
Nel frattempo i cani erano rimasti infreddoliti e senza cibo.
Ondertussen bleven de honden koud en zonder voedsel.
Mercedes nutriva un risentimento che considerava profondamente personale.
Mercedes koesterde een grief die zij als zeer persoonlijk beschouwde.
Si sentiva maltrattata in quanto donna e le venivano negati i suoi gentili privilegi.
Ze voelde zich als vrouw slecht behandeld en haar privileges werden haar ontzegd.
Era carina e gentile, e per tutta la vita era stata abituata alla cavalleria.
Ze was mooi en zacht, en was haar hele leven hoffelijk.
Ma suo marito e suo fratello ora la trattavano con impazienza.
Maar haar man en broer behandelden haar nu met ongeduld.
Aveva l'abitudine di comportarsi in modo impotente e loro cominciarono a lamentarsi.
Ze had de gewoonte zich hulpeloos te gedragen en ze begonnen te klagen.
Offesa da ciò, rese loro la vita ancora più difficile.
Ze voelde zich hierdoor beledigd en maakte hun leven alleen maar moeilijker.

Ignorò i cani e insistette per guidare lei stessa la slitta.
Ze negeerde de honden en stond erop zelf op de slee te rijden.
Sebbene sembrasse esile, pesava centoventi libbre (circa quaranta chili).
Hoewel ze er licht uitzag, woog ze 48 kilo.
Quel peso aggiuntivo era troppo per i cani affamati e deboli.
Die extra last was te zwaar voor de uitgehongerde, zwakke honden.
Nonostante ciò, continuò a cavalcare per giorni, finché i cani non crollarono nelle redini.
Toch bleef ze dagenlang rijden, totdat de honden het begaven in de teugels.
La slitta si fermò e Charles e Hal la implorarono di proseguire a piedi.
De slee bleef stilstaan en Charles en Hal smeekten haar om te lopen.
Loro la implorarono e la scongiurarono, ma lei pianse e li definì crudeli.
Ze smeekten en smeekten, maar zij huilde en noemde hen wreed.
In un'occasione, la tirarono giù dalla slitta con pura forza e rabbia.
Op een gegeven moment trokken ze haar met grote kracht en woede van de slee.
Dopo quello che accadde quella volta non ci riprovarono più.
Na wat er toen gebeurde, hebben ze het nooit meer geprobeerd.
Si accasciò come una bambina viziata e si sedette nella neve.
Ze werd slap als een verwend kind en zat in de sneeuw.
Continuarono a muoversi, ma lei si rifiutò di alzarsi o di seguirli.
Ze gingen verder, maar zij weigerde op te staan of haar te volgen.
Dopo tre miglia si fermarono, tornarono indietro e la riportarono indietro.

Na vijf kilometer stopten ze, keerden terug en droegen haar terug.
La ricaricarono sulla slitta, usando ancora una volta la forza bruta.
Ze laadden haar weer op de slee, wederom met brute kracht.
Nella loro profonda miseria, erano insensibili alla sofferenza dei cani.
In hun diepe ellende waren ze ongevoelig voor het lijden van de honden.
Hal credeva che fosse necessario indurirsi e impose questa convinzione agli altri.
Hal geloofde dat je verhard moest worden en hij drong dat geloof ook aan anderen op.
Inizialmente ha cercato di predicare la sua filosofia a sua sorella
Hij probeerde eerst zijn filosofie aan zijn zus te prediken
e poi, senza successo, predicò al cognato.
en vervolgens preekte hij zonder succes tegen zijn zwager.
Ebbe più successo con i cani, ma solo perché li ferì.
Hij had meer succes met de honden, maar dat kwam alleen doordat hij ze pijn deed.
Da Five Fingers, il cibo per cani è rimasto completamente vuoto.
Bij Five Fingers was het hondenvoer helemaal op.
Una vecchia squaw sdentata vendette qualche chilo di pelle di cavallo congelata
Een tandeloze oude squaw verkocht een paar kilo bevroren paardenhuid
Hal scambiò la sua pistola con la pelle di cavallo secca.
Hal ruilde zijn revolver voor het gedroogde paardenhuid.
La carne proveniva dai cavalli affamati di allevatori di bovini, morti mesi prima.
Het vlees was afkomstig van uitgehongerde paarden van veehouders die maanden eerder waren gestorven.
Congelata, la pelle era come ferro zincato: dura e immangiabile.

Bevroren leek het vel op gegalvaniseerd ijzer: taai en oneetbaar.
Per riuscire a mangiarla, i cani dovevano masticare la pelle senza sosta.
De honden moesten eindeloos op de huid kauwen om deze op te eten.
Ma le corde coriacee e i peli corti non erano certo un nutrimento.
Maar de leerachtige touwtjes en het korte haar waren nauwelijks voedsel.
La maggior parte della pelle era irritante e non era cibo in senso stretto.
Het grootste deel van de huid was irriterend en absoluut geen voedsel.
E nonostante tutto, Buck barcollava davanti a tutti, come in un incubo.
En ondanks alles bleef Buck strompelend vooraan lopen, als in een nachtmerrie.
Quando poteva, tirava; quando non poteva, restava lì finché non veniva sollevato dalla frusta o dal bastone.
Als hij kon trekken, dan bleef hij liggen tot hij met een zweep of knuppel werd opgetild.
Il suo pelo fine e lucido aveva perso tutta la rigidità e la lucentezza di un tempo.
Zijn mooie, glanzende vacht was volledig stijf en glanzend geworden.
I suoi capelli erano flosci, spettinati e pieni di sangue rappreso a causa dei colpi.
Zijn haar hing slap en in de war, vol met opgedroogd bloed van de slagen.
I suoi muscoli si ridussero a midolli e i cuscinetti di carne erano tutti consumati.
Zijn spieren krompen tot koorden en zijn vleeskussentjes waren allemaal weggesleten.
Ogni costola, ogni osso erano chiaramente visibili attraverso le pieghe della pelle rugosa.

Elke rib, elk bot was duidelijk zichtbaar door de plooien van de gerimpelde huid.

Fu straziante, ma il cuore di Buck non riuscì a spezzarsi.

Het was hartverscheurend, maar Bucks hart kon niet breken.

L'uomo con il maglione rosso lo aveva testato e dimostrato molto tempo prima.

De man in de rode trui had dat al lang geleden getest en bewezen.

Così come accadde a Buck, accadde anche a tutti i suoi compagni di squadra rimasti.

En net als bij Buck, gold dat ook voor al zijn overgebleven teamgenoten.

Ce n'erano sette in totale, ognuno uno scheletro ambulante di miseria.

Er waren er in totaal zeven. Elk exemplaar was een wandelend skelet van ellende.

Erano diventati insensibili alle fruste e sentivano solo un dolore distante.

Ze waren verdoofd door de zweepslagen en voelden alleen nog maar pijn in de verte.

Anche la vista e i suoni li raggiungevano debolmente, come attraverso una fitta nebbia.

Zelfs het zicht en het gehoor bereikten hen vaag, als door een dichte mist.

Non erano mezzi vivi: erano ossa con deboli scintille al loro interno.

Ze waren niet half levend - het waren botten met vage vonken erin.

Una volta fermati, crollarono come cadaveri, con le scintille quasi del tutto spente.

Toen ze tot stilstand kwamen, stortten ze in elkaar als lijken, de vonken waren bijna verdwenen.

E quando la frusta o il bastone colpivano di nuovo, le scintille sfarfallavano debolmente.

En als de zweep of de knuppel weer sloeg, dan spatten de vonken er zachtjes vanaf.

Poi si alzarono, barcollarono in avanti e trascinarono le loro membra in avanti.
Toen stonden ze op, wankelden naar voren en sleepten hun ledematen vooruit.
Un giorno il gentile Billee cadde e non riuscì più a rialzarsi.
Op een dag viel lieve Billee en kon helemaal niet meer opstaan.
Hal aveva scambiato la sua pistola con quella di Billee, così decise di ucciderla con un'ascia.
Hal had zijn revolver geruild, dus gebruikte hij een bijl om Billee te doden.
Lo colpì alla testa, poi gli tagliò il corpo e lo trascinò via.
Hij sloeg hem op het hoofd, sneed vervolgens zijn lichaam los en sleepte het weg.
Buck se ne accorse, e così fecero anche gli altri: sapevano che la morte era vicina.
Buck zag dit, en de anderen ook; zij wisten dat de dood nabij was.
Il giorno dopo Koona se ne andò, lasciando solo cinque cani nel gruppo affamato.
De volgende dag vertrok Koona en liet slechts vijf honden achter in het uitgehongerde team.
Joe, non più cattivo, era ormai troppo fuori di sé per rendersi conto di nulla.
Joe, die niet langer gemeen was, was te ver heen om zich nog ergens van bewust te zijn.
Pike, ormai non fingeva più di essere ferito, era appena cosciente.
Pike veinsde niet langer dat hij gewond was en was nauwelijks bij bewustzijn.
Solleks, ancora fedele, si rammaricava di non avere più la forza di dare.
Solleks, die nog steeds trouw was, betreurde dat hij geen kracht meer had om te geven.
Teek fu battuto più di tutti perché era più fresco, ma stava calando rapidamente.

Teek werd het vaakst verslagen omdat hij frisser was, maar hij ging snel achteruit.
E Buck, ancora in testa, non mantenne più l'ordine né lo fece rispettare.
En Buck, die nog steeds aan kop lag, hield de orde niet meer in stand en handhaafde die ook niet meer.
Mezzo accecato dalla debolezza, Buck seguì la pista solo a tentoni.
Buck was half blind door zwakte en volgde het spoor alleen op gevoel.
Era una bellissima primavera, ma nessuno di loro se ne accorse.
Het was prachtig lenteweer, maar niemand merkte dat.
Ogni giorno il sole sorgeva prima e tramontava più tardi.
Elke dag kwam de zon eerder op en ging later onder dan voorheen.
Alle tre del mattino era già spuntata l'alba; il crepuscolo durò fino alle nove.
Om drie uur in de ochtend begon het te schemeren. Het bleef tot negen uur schemeren.
Le lunghe giornate erano illuminate dal sole primaverile.
De lange dagen werden gevuld met de volle gloed van de lentezon.
Il silenzio spettrale dell'inverno si era trasformato in un caldo mormorio.
De spookachtige stilte van de winter was veranderd in een warm gemompel.
Tutta la terra si stava svegliando, animata dalla gioia degli esseri viventi.
Het hele land ontwaakte, vol vreugde van levende wezens.
Il suono proveniva da ciò che era rimasto morto e immobile per tutto l'inverno.
Het geluid kwam van wat de hele winter dood en stil had gelegen.
Ora quelle cose si mossero di nuovo, scrollandosi di dosso il lungo sonno del gelo.

Nu bewogen de dingen weer en schudden de lange vorstslaap van zich af.
La linfa saliva attraverso i tronchi scuri dei pini in attesa.
Sap steeg op door de donkere stammen van de wachtende dennenbomen.
Salici e pioppi tremuli fanno sbocciare giovani gemme luminose su ogni ramoscello.
Wilgen en espen krijgen aan elk twijgje jonge, helder gekleurde knoppen.
Arbusti e viti si tingono di un verde fresco mentre il bosco si anima.
Struiken en wijnranken kleurden frisgroen toen het bos tot leven kwam.
Di notte i grilli cantavano e di giorno gli insetti strisciavano nella luce del sole.
's Nachts tjirpten krekels en overdag kropen insecten in de zon.
Le pernici gridavano e i picchi picchiavano in profondità tra gli alberi.
Patrijzen schreeuwden en spechten klopten diep in de bomen.
Gli scoiattoli chiacchieravano, gli uccelli cantavano e le oche starnazzavano per richiamare l'attenzione dei cani.
Eekhoorns kwetterden, vogels zongen en ganzen jaagden op de honden.
Gli uccelli selvatici arrivavano a cunei affilati, volando in alto da sud.
De wilde vogels kwamen in scherpe wiggen aanvliegen vanuit het zuiden.
Da ogni pendio giungeva la musica di ruscelli nascosti e impetuosi.
Van iedere heuvel klonk de muziek van verborgen, stromende beekjes.
Tutto si scongelava e si spezzava, si piegava e ricominciava a muoversi.
Alles ontdooide en knapte, boog door en kwam weer in beweging.

Lo Yukon si sforzò di spezzare le fredde catene del ghiaccio ghiacciato.
De Yukon deed zijn best om de koudeketens van bevroren ijs te verbreken.
Il ghiaccio si scioglieva sotto, mentre il sole lo scioglieva dall'alto.
Het ijs smolt aan de onderkant, terwijl de zon het aan de bovenkant deed smelten.
Si aprirono dei buchi, si allargarono delle crepe e dei pezzi caddero nel fiume.
Er ontstonden luchtgaten, er ontstonden scheuren en stukken materiaal vielen in de rivier.
In mezzo a tutta questa vita sfrenata e sfrenata, i viaggiatori barcollavano.
Te midden van al dit bruisende en brandende leven, waggelden de reizigers.
Due uomini, una donna e un branco di husky camminavano come morti.
Twee mannen, een vrouw en een roedel husky's liepen als doden.
I cani cadevano, Mercedes piangeva, ma continuava a guidare la slitta.
De honden vielen, Mercedes huilde, maar bleef toch op de slee rijden.
Hal imprecò debolmente e Charles sbatté le palpebre con gli occhi lacrimanti.
Hal vloekte zwakjes en Charles knipperde met zijn tranende ogen.
Si imbatterono nell'accampamento di John Thornton, nei pressi della foce del White River.
Ze kwamen het kamp van John Thornton tegen bij de monding van de White River.
Quando si fermarono, i cani caddero a terra, come se fossero stati tutti colpiti a morte.
Toen ze stopten, vielen de honden plat op de grond, alsof ze allemaal dood waren.
Mercedes si asciugò le lacrime e guardò John Thornton.

Mercedes veegde haar tranen weg en keek naar John Thornton.

Charles si sedette su un tronco, lentamente e rigidamente, dolorante per il sentiero.

Charles zat traag en stijf op een boomstam, met pijn van het pad.

Hal parlava mentre Thornton intagliava l'estremità del manico di un'ascia.

Hal voerde het woord terwijl Thornton het uiteinde van een bijlsteel uithakte.

Tagliò il legno di betulla e rispose con frasi brevi e decise.

Hij sneed berkenhout en antwoordde met korte, krachtige antwoorden.

Quando gli veniva chiesto, dava un consiglio, certo che non sarebbe stato seguito.

Toen hem ernaar werd gevraagd, gaf hij advies, ook al was hij er zeker van dat dit advies toch niet opgevolgd zou worden.

Hal spiegò: "Ci avevano detto che il ghiaccio lungo la pista si stava staccando".

Hal legde uit: "Ze vertelden ons dat het ijs op de paden aan het afnemen was."

"Ci avevano detto che dovevamo restare fermi, ma siamo arrivati a White River."

"Ze zeiden dat we moesten blijven, maar we hebben White River bereikt."

Concluse con un tono beffardo, come per cantare vittoria nelle difficoltà.

Hij eindigde met een spottende toon, alsof hij de overwinning ondanks alle tegenslagen wilde claimen.

"E ti hanno detto la verità", rispose John Thornton a bassa voce ad Hal.

"En ze hebben je de waarheid verteld," antwoordde John Thornton zachtjes aan Hal.

"Il ghiaccio potrebbe cedere da un momento all'altro: è pronto a staccarsi."

"Het ijs kan elk moment bezwijken – het staat op het punt eruit te vallen."

"Solo la fortuna cieca e gli sciocchi avrebbero potuto arrivare vivi fin qui."

"Alleen blind geluk en dwazen hadden het zo ver kunnen schoppen."

"Te lo dico senza mezzi termini: non rischierei la vita per tutto l'oro dell'Alaska."

"Ik zeg je eerlijk: ik zou mijn leven niet riskeren voor al het goud van Alaska."

"Immagino che tu non sia uno stupido", rispose Hal.

"Dat komt omdat je niet dom bent, denk ik," antwoordde Hal.

"Comunque, andiamo avanti con Dawson." Srotolò la frusta.

"Maar goed, we gaan door naar Dawson." Hij rolde zijn zweep af.

"Sali, Buck! Ehi! Alzati! Forza!" urlò con voce roca.

"Kom daar, Buck! Hoi! Sta op! Ga door!" riep hij hard.

Thornton continuò a intagliare, sapendo che gli sciocchi non volevano sentire ragioni.

Thornton bleef snijden, wetende dat dwazen niet naar rede luisteren.

Fermare uno stupido era inutile, e due o tre stupidi non cambiavano nulla.

Het was zinloos om een dwaas te stoppen, en twee of drie dwazen veranderden niets.

Ma la squadra non si mosse al suono del comando di Hal.

Maar het team kwam niet in beweging toen ze Hals bevel hoorden.

Ormai solo i colpi potevano farli sollevare e avanzare.

Nu konden ze alleen nog met klappen omhoog komen en vooruit worden getrokken.

La frusta schioccava ripetutamente sui cani indeboliti.

De zweep sloeg steeds weer tegen de verzwakte honden.

John Thornton strinse forte le labbra e osservò in silenzio.

John Thornton klemde zijn lippen op elkaar en keek zwijgend toe.

Solleks fu il primo a rialzarsi sotto la frusta.

Solleks was de eerste die onder de zweep overeind kroop.

Poi Teek lo seguì, tremando. Joe urlò mentre barcollava.

Toen volgde Teek, trillend. Joe gilde terwijl hij overeind kwam.

Pike cercò di alzarsi, fallì due volte, poi alla fine si rialzò barcollando.

Pike probeerde overeind te komen, maar het lukte hem twee keer niet en uiteindelijk bleef hij wankel staan.

Ma Buck rimase lì dov'era caduto, senza muoversi affatto.

Maar Buck bleef liggen waar hij was gevallen, en bewoog deze keer helemaal niet.

La frusta lo colpì più volte, ma lui non emise alcun suono.

De zweep sloeg hem herhaaldelijk, maar hij maakte geen enkel geluid.

Lui non sussultò né oppose resistenza, rimase semplicemente immobile e in silenzio.

Hij deinsde niet terug en verzette zich niet. Hij bleef gewoon stil en rustig.

Thornton si mosse più di una volta, come per dire qualcosa, ma non lo fece.

Thornton bewoog zich meermaals, alsof hij wilde spreken, maar deed dat niet.

I suoi occhi si inumidirono, ma la frusta continuava a schioccare contro Buck.

Zijn ogen werden vochtig en de zweep bleef tegen Buck knallen.

Alla fine Thornton cominciò a camminare lentamente, incerto sul da farsi.

Uiteindelijk begon Thornton langzaam heen en weer te lopen, onzeker over wat hij moest doen.

Era la prima volta che Buck falliva e Hal si infuriò.

Het was de eerste keer dat Buck faalde en Hal werd woedend.

Gettò via la frusta e prese al suo posto il pesante manganello.

Hij gooide de zweep neer en pakte in plaats daarvan de zware knuppel op.

La mazza di legno colpì con violenza, ma Buck non si alzò per muoversi.

De houten knuppel kwam hard neer, maar Buck kwam nog steeds niet overeind.

Come i suoi compagni di squadra, era troppo debole, ma non solo.

Net als zijn teamgenoten was hij te zwak, maar meer dan dat.

Buck aveva deciso di non muoversi, qualunque cosa accadesse.

Buck had besloten om niet te verhuizen, wat er ook zou gebeuren.

Sentì qualcosa di oscuro e sicuro incombere proprio davanti a sé.

Hij voelde iets donkers en zekers vlak voor zich zweven.

Quel terrore lo aveva colto non appena aveva raggiunto la riva del fiume.

Die angst had hem bevangen zodra hij de oever van de rivier bereikte.

Quella sensazione non lo aveva abbandonato da quando aveva sentito il ghiaccio assottigliarsi sotto le zampe.

Het gevoel was niet meer verdwenen sinds hij het ijs onder zijn poten dun voelde worden.

Qualcosa di terribile lo stava aspettando: lo sentiva proprio lungo il sentiero.

Er stond hem iets verschrikkelijks te wachten. Hij voelde het verderop op het pad.

Non avrebbe camminato verso quella cosa terribile davanti a lui

Hij zou niet naar dat vreselijke ding voor zich toe lopen

Non avrebbe obbedito a nessun ordine che lo avrebbe condotto a quella cosa.

Hij zou geen enkel bevel opvolgen dat hem daarheen bracht.

Ormai il dolore dei colpi non lo sfiorava più: era troppo stanco.

De pijn van de slagen deed hem nauwelijks nog pijn; hij was te ver heen.

La scintilla della vita tremolava lentamente, affievolita da ogni colpo crudele.

De vonk van het leven flikkerde zwakjes en doofde onder elke wrede klap.
Gli arti gli sembravano distanti; tutto il corpo sembrava appartenere a un altro.
Zijn ledematen voelden afstandelijk aan; zijn hele lichaam leek wel van iemand anders.
Sentì uno strano torpore mentre il dolore scompariva completamente.
Hij voelde een vreemde verdoving terwijl de pijn volledig verdween.
Da lontano, sentiva che lo stavano picchiando, ma non se ne rendeva conto.
Hij voelde al van ver dat hij geslagen werd, maar hij besefte het nauwelijks.
Poteva udire debolmente i tonfi, ma ormai non gli facevano più male.
Hij kon de doffe geluiden nog vaag horen, maar ze deden niet echt pijn meer.
I colpi andarono a segno, ma il suo corpo non sembrava più il suo.
De klappen waren raak, maar zijn lichaam voelde niet langer als het zijne.
Poi, all'improvviso, senza alcun preavviso, John Thornton lanciò un grido selvaggio.
Toen, plotseling, zonder waarschuwing, gaf John Thornton een wilde kreet.
Era inarticolato, più il grido di una bestia che di un uomo.
Het klonk onverstaanbaar, meer als de schreeuw van een dier dan van een mens.
Si lanciò sull'uomo con la mazza e fece cadere Hal all'indietro.
Hij sprong op de man met de knuppel af en sloeg Hal achterover.
Hal volò come se fosse stato colpito da un albero, atterrando pesantemente al suolo.
Hal vloog door de lucht alsof hij door een boom was geraakt en landde hard op de grond.

Mercedes urlò a gran voce in preda al panico e si portò le mani al viso.
Mercedes schreeuwde luid van paniek en greep naar haar gezicht.
Charles si limitò a guardare, si asciugò gli occhi e rimase seduto.
Charles keek alleen maar toe, veegde zijn tranen af en bleef zitten.
Il suo corpo era troppo irrigidito dal dolore per alzarsi o contribuire alla lotta.
Zijn lichaam was te stijf van de pijn om op te staan of mee te vechten.
Thornton era in piedi davanti a Buck, tremante di rabbia, incapace di parlare.
Thornton stond boven Buck, trillend van woede, en kon niet spreken.
Tremava di rabbia e lottò per trovare la voce.
Hij beefde van woede en probeerde er zijn stem doorheen te vinden.
"Se colpisci ancora quel cane, ti uccido", disse infine.
"Als je die hond nog een keer slaat, maak ik je af," zei hij uiteindelijk.
Hal si asciugò il sangue dalla bocca e tornò avanti.
Hal veegde het bloed uit zijn mond en kwam weer naar voren.
"È il mio cane", borbottò. "Togliti di mezzo o ti sistemo io."
"Het is mijn hond," mompelde hij. "Ga uit de weg, of ik maak je af."
"Vado da Dawson e tu non mi fermerai", ha aggiunto.
"Ik ga naar Dawson, en jij houdt me niet tegen," voegde hij toe.
Thornton si fermò tra Buck e il giovane arrabbiato.
Thornton stond stevig tussen Buck en de boze jongeman.
Non aveva alcuna intenzione di farsi da parte o di lasciar passare Hal.
Hij had niet de intentie om opzij te stappen of Hal te laten passeren.
Hal tirò fuori il suo coltello da caccia, lungo e pericoloso nella sua mano.

Hal haalde zijn jachtmes tevoorschijn, lang en gevaarlijk in zijn hand.

Mercedes urlò, poi pianse, poi rise in preda a un'isteria selvaggia.

Mercedes schreeuwde, huilde en lachte toen uitzinnig van woede.

Thornton colpì la mano di Hal con il manico dell'ascia, con forza e rapidità.

Thornton sloeg Hal hard en snel met de steel van zijn bijl op zijn hand.

Il coltello si liberò dalla presa di Hal e volò a terra.

Het mes schoot los uit Hals greep en vloog op de grond.

Hal cercò di raccogliere il coltello, ma Thornton gli batté di nuovo le nocche.

Hal probeerde het mes op te pakken, maar Thornton sloeg opnieuw met zijn knokkels.

Poi Thornton si chinò, afferrò il coltello e lo tenne fermo.

Toen boog Thornton zich voorover, pakte het mes en hield het vast.

Con due rapidi colpi del manico dell'ascia, tagliò le redini di Buck.

Met twee snelle klappen met de bijlsteel sneed hij Bucks teugels door.

Hal non aveva più voglia di combattere e si allontanò dal cane.

Hal had geen enkele strijdlust meer en deed een stap achteruit, weg van de hond.

Inoltre, ora Mercedes aveva bisogno di entrambe le braccia per restare in piedi.

Bovendien had Mercedes nu beide armen nodig om overeind te blijven.

Buck era troppo vicino alla morte per poter nuovamente tirare la slitta.

Buck was te dicht bij de dood om nog langer een slee te kunnen trekken.

Pochi minuti dopo, ripartirono, dirigendosi verso il fiume.

Een paar minuten later vertrokken ze en voeren de rivier af.

Buck sollevò debolmente la testa e li guardò lasciare la banca.
Buck hief zwakjes zijn hoofd op en keek toe hoe ze de oever verlieten.
Pike guidava la squadra, con Solleks dietro al volante.
Pike leidde het team, met Solleks achteraan op de wielbasis.
Joe e Teek camminavano in mezzo, zoppicando entrambi per la stanchezza.
Joe en Teek liepen ertussen, beiden mank van vermoeidheid.
Mercedes si sedette sulla slitta e Hal afferrò la lunga pertica.
Mercedes zat op de slee en Hal greep de lange gee-stok vast.
Charles barcollava dietro di lui, con passi goffi e incerti.
Charles strompelde achter hen aan, zijn stappen waren onhandig en onzeker.
Thornton si inginocchiò accanto a Buck e tastò delicatamente per vedere se aveva ossa rotte.
Thornton knielde naast Buck en voelde voorzichtig naar gebroken botten.
Le sue mani erano ruvide, ma si muovevano con gentilezza e cura.
Zijn handen waren ruw, maar hij bewoog ze met vriendelijkheid en zorg.
Il corpo di Buck era pieno di lividi, ma non presentava lesioni permanenti.
Bucks lichaam was gekneusd maar vertoonde geen blijvende schade.
Ciò che restava era una fame terribile e una debolezza quasi totale.
Wat overbleef was verschrikkelijke honger en bijna totale zwakte.
Quando la situazione fu più chiara, la slitta era già andata molto a valle.
Tegen de tijd dat dit duidelijk werd, was de slee al een heel eind stroomafwaarts gevaren.
L'uomo e il cane osservavano la slitta avanzare lentamente sul ghiaccio che si rompeva.

Man en hond keken toe hoe de slee langzaam over het krakende ijs kroop.
Poi videro la slitta sprofondare in una cavità.
Toen zagen ze de slee in een holte zakken.
La pertica volò in alto, ma Hal vi si aggrappò ancora invano.
De paal vloog omhoog, terwijl Hal zich er nog steeds tevergeefs aan vastklampte.
L'urlo di Mercedes li raggiunse attraverso la fredda distanza.
De schreeuw van Mercedes bereikte hen over de koude afstand.
Charles si voltò e fece un passo indietro, ma era troppo tardi.
Charles draaide zich om en deed een stap achteruit, maar het was te laat.
Un'intera calotta di ghiaccio cedette e tutti precipitarono.
Een hele ijskap bezweek en ze zakten er allemaal doorheen.
Cani, slitte e persone scomparvero nelle acque nere sottostanti.
Honden, sleeën en mensen verdwenen in het zwarte water.
Nel punto in cui erano passati era rimasto solo un largo buco nel ghiaccio.
Op de plek waar ze waren gepasseerd, was alleen een groot gat in het ijs overgebleven.
Il fondo del sentiero era crollato, proprio come aveva previsto Thornton.
Het pad liep naar beneden, precies zoals Thornton had gewaarschuwd.
Thornton e Buck si guardarono l'un l'altro, in silenzio per un momento.
Thornton en Buck keken elkaar aan en bleven een moment zwijgen.
"Povero diavolo", disse Thornton dolcemente, e Buck gli leccò la mano.
"Jij arme duivel," zei Thornton zachtjes, en Buck likte zijn hand.

Per amore di un uomo
Voor de liefde van een man

John Thornton si congelò i piedi per il freddo del dicembre precedente.
John Thornton had last van bevroren voeten in de kou van de voorgaande decembermaand.
I suoi compagni lo fecero sentire a suo agio e lo lasciarono guarire da solo.
Zijn partners stelden hem op zijn gemak en lieten hem alleen herstellen.
Risalirono il fiume per raccogliere una zattera di tronchi da sega per Dawson.
Ze gingen de rivier op om een vlot met zaagblokken voor Dawson te verzamelen.
Zoppicava ancora leggermente quando salvò Buck dalla morte.
Hij liep nog een beetje mank toen hij Buck van de dood redde.
Ma con il persistere del caldo, anche quella zoppia è scomparsa.
Maar toen het warmer werd, verdween zelfs die mankement.
Sdraiato sulla riva del fiume durante le lunghe giornate primaverili, Buck si riposò.
Tijdens de lange lentedagen lag Buck te rusten aan de oever van de rivier.
Osservava l'acqua che scorreva e ascoltava gli uccelli e gli insetti.
Hij keek naar het stromende water en luisterde naar de vogels en insecten.
Lentamente Buck riacquistò le forze sotto il sole e il cielo.
Langzaam kwam Buck weer op krachten onder de zon en de hemel.
Dopo aver viaggiato tremila miglia, riposarsi è stato meraviglioso.
Na drieduizend mijl gereisd te hebben, was het heerlijk om even uit te rusten.

Buck diventò pigro man mano che le sue ferite guarivano e il suo corpo si riempiva.
Buck werd lui terwijl zijn wonden genazen en zijn lichaam voller werd.
I suoi muscoli si rassodarono e la carne tornò a ricoprire le sue ossa.
Zijn spieren werden sterker en zijn botten werden weer bedekt met vlees.
Stavano tutti riposando: Buck, Thornton, Skeet e Nig.
Ze waren allemaal aan het rusten: Buck, Thornton, Skeet en Nig.
Aspettarono la zattera che li avrebbe portati a Dawson.
Ze wachtten op het vlot dat hen naar Dawson zou brengen.
Skeet era un piccolo setter irlandese che fece amicizia con Buck.
Skeet was een kleine Ierse setter die vriendschap sloot met Buck.
Buck era troppo debole e malato per resisterle al loro primo incontro.
Buck was te zwak en ziek om haar tijdens hun eerste ontmoeting te weerstaan.
Skeet aveva la caratteristica di guaritore che alcuni cani possiedono per natura.
Skeet had de helende eigenschap die sommige honden van nature bezitten.
Come una gatta, leccò e pulì le ferite aperte di Buck.
Als een moederkat likte en maakte ze Bucks open wonden schoon.
Ogni mattina, dopo colazione, ripeteva il suo attento lavoro.
Iedere ochtend na het ontbijt herhaalde ze haar zorgvuldige werk.
Buck finì per aspettarsi il suo aiuto tanto quanto quello di Thornton.
Buck verwachtte net zo veel hulp van haar als van Thornton.
Anche Nig era amichevole, ma meno aperto e meno affettuoso.

Nig was ook vriendelijk, maar minder open en minder aanhankelijk.

Nig era un grosso cane nero, in parte segugio e in parte levriero.

Nig was een grote zwarte hond, half bloedhond en half deerhound.

Aveva occhi sorridenti e un'infinita bontà d'animo.

Hij had lachende ogen en een eindeloos goed karakter.

Con sorpresa di Buck, nessuno dei due cani mostrò gelosia nei suoi confronti.

Tot Bucks verbazing toonde geen van beide honden jaloezie jegens hem.

Sia Skeet che Nig condividevano la gentilezza di John Thornton.

Zowel Skeet als Nig waren net zo vriendelijk als John Thornton.

Man mano che Buck diventava più forte, lo attiravano in stupidi giochi da cani.

Naarmate Buck sterker werd, verleidden ze hem tot domme hondenspelletjes.

Anche Thornton giocava spesso con loro, incapace di resistere alla loro gioia.

Thornton speelde ook vaak met hen, hij kon hun vreugde niet weerstaan.

In questo modo giocoso, Buck passò dalla malattia a una nuova vita.

Op deze speelse manier ging Buck van zijn ziekte over naar een nieuw leven.

L'amore, quello vero, ardente e passionale, era finalmente suo.

Eindelijk was de liefde aan hem toegekomen: ware, brandende en hartstochtelijke liefde.

Non aveva mai conosciuto questo tipo di amore nella tenuta di Miller.

Deze vorm van liefde had hij op Millers landgoed nog nooit meegemaakt.

Con i figli del giudice aveva condiviso lavoro e avventure.

Met de zonen van de rechter deelde hij werk en avontuur.
Nei nipoti notò un orgoglio rigido e vanitoso.
Bij de kleinzonen zag hij een stijve en opschepperige trots.
Con lo stesso giudice Miller aveva un rapporto di rispettosa amicizia.
Met rechter Miller zelf had hij een respectvolle vriendschap.
Ma l'amore che era fuoco, follia e adorazione era ciò che accadeva con Thornton.
Maar met Thornton kwam ook de liefde die vuur, waanzin en aanbidding was.
Quest'uomo aveva salvato la vita di Buck, e questo di per sé significava molto.
Deze man had Bucks leven gered, en dat alleen al betekende veel.
Ma più di questo, John Thornton era il tipo ideale di maestro.
Maar belangrijker nog, John Thornton was de ideale meester.
Altri uomini si prendevano cura dei cani per dovere o per necessità lavorative.
Andere mannen zorgden voor honden uit plichtsbesef of uit zakelijke noodzaak.
John Thornton si prendeva cura dei suoi cani come se fossero figli.
John Thornton zorgde voor zijn honden alsof het zijn kinderen waren.
Si prendeva cura di loro perché li amava e semplicemente non poteva farne a meno.
Hij gaf om hen omdat hij van hen hield en hij kon er niets aan doen.
John Thornton vide molto più lontano di quanto la maggior parte degli uomini riuscisse mai a vedere.
John Thornton zag nog verder dan de meeste mensen ooit konden zien.
Non dimenticava mai di salutarli gentilmente o di pronunciare una parola di incoraggiamento.
Hij vergat nooit hen vriendelijk te begroeten of een opbeurend woord te spreken.

Amava sedersi con i cani per fare lunghe chiacchierate, o "gassy", come diceva lui.
Hij hield ervan om lang met de honden te zitten praten, of 'gassy' te zijn, zoals hij het zelf noemde.

Gli piaceva afferrare bruscamente la testa di Buck tra le sue mani forti.
Hij hield ervan Bucks hoofd ruw tussen zijn sterke handen te grijpen.

Poi appoggiò la testa contro quella di Buck e lo scosse delicatamente.
Toen legde hij zijn hoofd tegen dat van Buck en schudde hem zachtjes.

Nel frattempo, chiamava Buck con nomi volgari che per lui significavano affetto.
Ondertussen schold hij Buck uit voor grove dingen, terwijl hij voor hem juist liefde bedoelde.

Per Buck, quell'abbraccio rude e quelle parole portarono una gioia profonda.
Voor Buck brachten die ruwe omhelzing en die woorden diepe vreugde.

A ogni movimento il suo cuore sembrava sussultare di felicità.
Bij elke beweging leek zijn hart van geluk te trillen.

Quando poi balzò in piedi, la sua bocca sembrava ridere.
Toen hij daarna opsprong, zag hij eruit alsof zijn mond lachte.

I suoi occhi brillavano intensamente e la sua gola tremava per una gioia inespressa.
Zijn ogen straalden en zijn keel trilde van onuitgesproken vreugde.

Il suo sorriso rimase immobile in quello stato di emozione e affetto ardente.
Zijn glimlach stond stil in die staat van emotie en gloeiende genegenheid.

Allora Thornton esclamò pensieroso: "Dio! Riesce quasi a parlare!"
Toen riep Thornton nadenkend uit: "God! Hij kan bijna praten!"

Buck aveva uno strano modo di esprimere l'amore che quasi gli causava dolore.
Buck had een vreemde manier om zijn liefde te uiten, die bijna pijn deed.
Spesso stringeva forte la mano di Thornton tra i denti.
Vaak klemde hij Thorntons hand heel hard tussen zijn tanden.
Il morso avrebbe lasciato segni profondi che sarebbero rimasti per qualche tempo.
De beet zou diepe littekens achterlaten die nog een tijdje zichtbaar zouden blijven.
Buck credeva che quei giuramenti fossero amore, e Thornton la pensava allo stesso modo.
Buck geloofde dat die eden liefde betekenden, en Thornton wist dat ook.
Il più delle volte, l'amore di Buck si manifestava in un'adorazione silenziosa, quasi silenziosa.
Meestal uitte Bucks liefde zich in stille, bijna geluidloze aanbidding.
Sebbene fosse emozionato quando veniva toccato o gli si parlava, non cercava attenzione.
Hoewel hij blij was als hij werd aangeraakt of aangesproken, zocht hij geen aandacht.
Skeet spinse il naso sotto la mano di Thornton finché lui non la accarezzò.
Skeet duwde haar neus onder Thorntons hand tot hij haar aaide.
Nig si avvicinò silenziosamente e appoggiò la sua grande testa sulle ginocchia di Thornton.
Nig liep rustig naar hem toe en legde zijn grote hoofd op Thorntons knie.
Buck, al contrario, si accontentava di amare da una rispettosa distanza.
Buck vond het daarentegen prima om op een respectvolle afstand lief te hebben.
Rimase sdraiato per ore ai piedi di Thornton, vigile e attento.
Hij lag urenlang aan Thorntons voeten, alert en nauwlettend.

Buck studiò ogni dettaglio del volto del suo padrone, perfino il più piccolo movimento.
Buck bestudeerde elk detail van het gezicht van zijn meester en elke beweging.
Oppure sdraiati più lontano, studiando in silenzio la sagoma dell'uomo.
Of hij lag verderop en bestudeerde in stilte de gestalte van de man.
Buck osservava ogni piccolo movimento, ogni cambiamento di postura o di gesto.
Buck observeerde elke kleine beweging, elke verandering in houding of gebaar.
Questo legame era così potente che spesso catturava lo sguardo di Thornton.
Deze verbinding was zo krachtig dat Thornton er vaak naar keek.
Incontrò lo sguardo di Buck senza dire parole, e il suo amore traspariva chiaramente.
Hij keek Buck in de ogen, zonder woorden, maar de liefde scheen er duidelijk doorheen.
Per molto tempo dopo essere stato salvato, Buck non perse mai di vista Thornton.
Lange tijd nadat Buck gered was, verloor hij Thornton niet uit het oog.
Ogni volta che Thornton usciva dalla tenda, Buck lo seguiva da vicino all'esterno.
Telkens wanneer Thornton de tent verliet, volgde Buck hem nauwlettend naar buiten.
Tutti i severi padroni delle Terre del Nord avevano fatto sì che Buck non riuscisse più a fidarsi.
Al die strenge meesters in het Noorden hadden ervoor gezorgd dat Buck bang was om te vertrouwen.
Temeva che nessun uomo potesse restare suo padrone se non per un breve periodo.
Hij vreesde dat niemand langer dan een korte tijd zijn meester zou kunnen blijven.

Temeva che John Thornton sarebbe scomparso come Perrault e François.
Hij vreesde dat John Thornton, net als Perrault en François, zou verdwijnen.

Anche di notte, la paura di perderlo tormentava il sonno agitato di Buck.
Zelfs 's nachts bleef Buck onrustig slapen, ondanks de angst hem te verliezen.

Quando Buck si svegliò, si trascinò fuori al freddo e andò nella tenda.
Toen Buck wakker werd, sloop hij de kou in en ging naar de tent.

Ascoltò attentamente il leggero suono del suo respiro interiore.
Hij luisterde aandachtig of hij het zachte geluid van ademhaling van binnenuit hoorde.

Nonostante il profondo amore di Buck per John Thornton, la natura selvaggia sopravvisse.
Ondanks Bucks grote liefde voor John Thornton bleef de wildernis in leven.

Quell'istinto primitivo, risvegliatosi nel Nord, non scomparve.
Dat primitieve instinct, ontwaakt in het Noorden, is niet verdwenen.

L'amore portava devozione, lealtà e il caldo legame attorno al fuoco.
Liefde bracht toewijding, loyaliteit en de warme band van het haardvuur met zich mee.

Ma Buck mantenne anche i suoi istinti selvaggi, acuti e sempre all'erta.
Maar Buck behield ook zijn wilde instincten, scherp en altijd alert.

Non era solo un animale domestico addomesticato proveniente dalle dolci terre della civiltà.
Hij was niet zomaar een tam huisdier uit de zachte streken van de beschaving.

Buck era un essere selvaggio che si era seduto accanto al fuoco di Thornton.
Buck was een wild wezen dat bij het vuur van Thornton kwam zitten.
Sembrava un cane del Southland, ma in lui albergava la natura selvaggia.
Hij zag eruit als een hond uit het zuiden, maar hij had een wild karakter.
Il suo amore per Thornton era troppo grande per permettersi un furto da parte di quell'uomo.
Zijn liefde voor Thornton was te groot om diefstal van de man toe te staan.
Ma in qualsiasi altro campo ruberebbe con audacia e senza esitazione.
Maar in elk ander kamp zou hij brutaal en zonder ophouden stelen.
Era così abile nel rubare che nessuno riusciva a catturarlo o accusarlo.
Hij was zo slim in het stelen dat niemand hem kon betrappen of beschuldigen.
Il suo viso e il suo corpo erano coperti di cicatrici dovute a molti combattimenti passati.
Zijn gezicht en lichaam zaten onder de littekens van de vele gevechten uit het verleden.
Buck continuava a combattere con ferocia, ma ora lo faceva con maggiore astuzia.
Buck vocht nog steeds fel, maar nu met meer sluwheid.
Skeet e Nig erano troppo docili per combattere, ed erano di Thornton.
Skeet en Nig waren te zachtaardig om te vechten, en zij waren van Thornton.
Ma qualsiasi cane estraneo, non importa quanto forte o coraggioso, cedeva.
Maar elke vreemde hond, hoe sterk of dapper ook, gaf toe.
Altrimenti, il cane si ritrovò a combattere contro Buck, lottando per la propria vita.

Anders zou de hond met Buck moeten vechten, vechtend voor zijn leven.

Buck non ebbe pietà quando decise di combattere contro un altro cane.

Buck kende geen genade toen hij besloot om met een andere hond te vechten.

Aveva imparato bene la legge del bastone e della zanna nel Nord.

Hij had de wetten van de knuppel en de slagtand uit het Noorden goed geleerd.

Non ha mai rinunciato a un vantaggio e non si è mai tirato indietro dalla battaglia.

Hij gaf nooit een voordeel uit handen en deinsde nooit terug voor de strijd.

Aveva studiato Spitz e i cani più feroci della polizia e della posta.

Hij had Spitz en de gevaarlijkste post- en politiehonden bestudeerd.

Sapeva chiaramente che non esisteva via di mezzo in un combattimento selvaggio.

Hij wist heel goed dat er in een wilde strijd geen middenweg bestond.

Doveva governare o essere governato; mostrare misericordia significava mostrare debolezza.

Hij moest heersen of geregeerd worden; genade tonen betekende zwakte tonen.

La pietà era sconosciuta nel mondo crudo e brutale della sopravvivenza.

Genade was onbekend in de ruwe en wrede wereld van overleving.

Mostrare pietà era visto come un atto di paura, e la paura conduceva rapidamente alla morte.

Genade tonen werd gezien als angst, en angst leidde snel tot de dood.

La vecchia legge era semplice: uccidere o essere uccisi, mangiare o essere mangiati.

De oude wet was simpel: dood of gedood worden, eet of gegeten worden.
Quella legge proveniva dalle profondità del tempo e Buck la seguì alla lettera.
Die wet stamt uit de oudheid en Buck hield zich er strikt aan.
Buck era più vecchio dei suoi anni e del numero dei suoi respiri.
Buck was ouder dan zijn jaren en het aantal ademhalingen dat hij nam.
Collegava in modo chiaro il passato remoto con il momento presente.
Hij legde een helder verband tussen het verre verleden en het heden.
I ritmi profondi dei secoli si muovevano attraverso di lui come le maree.
De diepe ritmes van de eeuwen bewogen door hem heen als de getijden.
Il tempo pulsava nel suo sangue con la stessa sicurezza con cui le stagioni muovevano la terra.
De tijd pulseerde in zijn bloed, net zo zeker als de seizoenen de aarde bewogen.
Sedeva accanto al fuoco di Thornton, con il petto forte e le zanne bianche.
Hij zat bij het vuur van Thornton, met zijn sterke borstkas en witte tanden.
La sua lunga pelliccia ondeggiava, ma dietro di lui lo osservavano gli spiriti dei cani selvatici.
Zijn lange vacht wapperde, maar achter hem keken de geesten van wilde honden toe.
Lupi mezzi e lupi veri si agitavano nel suo cuore e nei suoi sensi.
In zijn hart en zintuigen roerden zich de gevoelens van halfwolven en echte wolven aan.
Assaggiarono la sua carne e bevvero la stessa acqua che bevve lui.
Ze proefden zijn vlees en dronken hetzelfde water als hij.
Annusarono il vento insieme a lui e ascoltarono la foresta.

Ze snuffelden met hem mee aan de wind en luisterden naar het bos.
Sussurravano il significato dei suoni selvaggi nell'oscurità.
Ze fluisterden de betekenissen van de wilde geluiden in de duisternis.
Modellavano il suo umore e guidavano ciascuna delle sue reazioni silenziose.
Ze beïnvloedden zijn stemmingen en stuurden zijn stille reacties.
Giacevano accanto a lui mentre dormiva e diventavano parte dei suoi sogni profondi.
Ze lagen bij hem terwijl hij sliep en werden onderdeel van zijn diepe dromen.
Sognavano con lui, oltre lui, e costituivano il suo stesso spirito.
Zij droomden met hem, voorbij hem, en vormden zijn geest.
Gli spiriti della natura selvaggia chiamavano con tanta forza che Buck si sentì attratto.
De geesten van de wildernis riepen zo sterk dat Buck zich aangetrokken voelde.
Ogni giorno che passava, l'umanità e le sue rivendicazioni si indebolivano nel cuore di Buck.
Elke dag werden de mensheid en haar aanspraken zwakker in Bucks hart.
Nel profondo della foresta si stava per udire un richiamo strano ed emozionante.
Diep in het bos zou een vreemde en opwindende roep klinken.
Ogni volta che sentiva la chiamata, Buck provava un impulso a cui non riusciva a resistere.
Elke keer dat Buck de roep hoorde, voelde hij een drang die hij niet kon weerstaan.
Avrebbe voltato le spalle al fuoco e ai sentieri battuti dagli uomini.
Hij ging zich afkeren van het vuur en van de gebaande menselijke paden.

Stava per addentrarsi nella foresta, avanzando senza sapere il perché.
Hij wilde het bos in springen, zonder te weten waarom.
Non mise in discussione questa attrazione, perché la chiamata era profonda e potente.
Hij betwijfelde deze aantrekkingskracht niet, want de roep was diep en krachtig.
Spesso raggiungeva l'ombra verde e la terra morbida e intatta
Vaak bereikte hij de groene schaduw en de zachte, ongerepte aarde
Ma poi il forte amore per John Thornton lo riportò al fuoco.
Maar toen trok zijn sterke liefde voor John Thornton hem weer terug naar het vuur.
Soltanto John Thornton riuscì davvero a tenere stretto il cuore selvaggio di Buck.
Alleen John Thornton had werkelijk de macht over Bucks wilde hart.
Per Buck il resto dell'umanità non aveva alcun valore o significato duraturo.
De rest van de mensheid had voor Buck geen blijvende waarde of betekenis.
Gli sconosciuti potrebbero lodarlo o accarezzargli la pelliccia con mani amichevoli.
Vreemden prezen hem soms of aaiden hem met hun vriendelijke handen over zijn vacht.
Buck rimase impassibile e se ne andò per eccesso di affetto.
Buck bleef onberoerd en liep weg omdat hij te veel aanhankelijkheid voelde.
Hans e Pete arrivarono con la zattera che era stata attesa a lungo
Hans en Pete arriveerden met het langverwachte vlot
Buck li ignorò finché non venne a sapere che erano vicini a Thornton.
Buck negeerde ze totdat hij hoorde dat ze dicht bij Thornton waren.

Da allora in poi li tollerò, ma non dimostrò mai loro tutto il suo calore.
Daarna tolereerde hij ze nog wel, maar toonde hij ze nooit zijn volledige warmte.

Accettava da loro cibo o gentilezza come se volesse fare loro un favore.
Hij nam eten of vriendelijkheid van hen aan, alsof hij hen een gunst bewees.

Erano come Thornton: semplici, onesti e lucidi nei pensieri.
Ze waren net als Thornton: eenvoudig, eerlijk en helder van geest.

Tutti insieme viaggiarono verso la segheria di Dawson e il grande vortice
Samen reisden ze naar Dawson's zagerij en de grote draaikolk

Nel corso del loro viaggio impararono a comprendere profondamente la natura di Buck.
Tijdens hun reis leerden ze Bucks aard beter begrijpen.

Non cercarono di avvicinarsi come avevano fatto Skeet e Nig.
Ze probeerden niet dichter naar elkaar toe te groeien zoals Skeet en Nig hadden gedaan.

Ma l'amore di Buck per John Thornton non fece che aumentare con il tempo.
Maar Bucks liefde voor John Thornton werd met de tijd alleen maar groter.

Solo Thornton poteva mettere uno zaino sulla schiena di Buck durante l'estate.
Alleen Thornton kon in de zomer een rugzak op Bucks rug plaatsen.

Buck era disposto a eseguire senza riserve qualsiasi ordine impartito da Thornton.
Wat Thornton ook beval, Buck was bereid om volledig te doen.

Un giorno, dopo aver lasciato Dawson per le sorgenti del Tanana,
Op een dag, nadat ze Dawson hadden verlaten voor de bovenloop van de Tanana,

il gruppo era seduto su una rupe che scendeva per un metro fino a raggiungere la nuda roccia.
De groep zat op een klif die bijna een meter afdaalde tot aan de kale rotsbodem.
John Thornton si sedette vicino al bordo e Buck si riposò accanto a lui.
John Thornton zat aan de rand en Buck rustte naast hem.
Thornton ebbe un'idea improvvisa e richiamò l'attenzione degli uomini.
Thornton kreeg plotseling een ingeving en trok de aandacht van de mannen.
Indicò l'altro lato del baratro e diede a Buck un unico comando.
Hij wees naar de overkant van de kloof en gaf Buck één bevel.
"Salta, Buck!" disse, allungando il braccio oltre il precipizio.
"Spring, Buck!" zei hij, terwijl hij zijn arm over de afgrond zwaaide.
Un attimo dopo dovette afferrare Buck, che stava saltando per obbedire.
Hij moest Buck onmiddellijk grijpen, die meteen opsprong om te gehoorzamen.
Hans e Pete si precipitarono in avanti e tirarono entrambi indietro per metterli in salvo.
Hans en Pete renden naar voren en trokken ze allebei in veiligheid.
Dopo che tutto fu finito e che ebbero ripreso fiato, Pete prese la parola.
Toen alles voorbij was en ze op adem waren gekomen, sprak Pete.
«È un amore straordinario», disse, scosso dalla feroce devozione del cane.
"De liefde is wonderbaarlijk", zei hij, geschokt door de felle toewijding van de hond.
Thornton scosse la testa e rispose con calma e serietà.
Thornton schudde zijn hoofd en antwoordde met kalme ernst.
«No, l'amore è splendido», disse, «ma anche terribile».

"Nee, de liefde is prachtig," zei hij, "maar ook verschrikkelijk."

"A volte, devo ammetterlo, questo tipo di amore mi fa paura."

"Soms moet ik toegeven dat dit soort liefde mij bang maakt."

Pete annuì e disse: "Mi dispiacerebbe tanto essere l'uomo che ti tocca".

Pete knikte en zei: "Ik zou niet de man willen zijn die jou aanraakt."

Mentre parlava, guardava Buck con aria seria e piena di rispetto.

Hij keek Buck aan terwijl hij sprak, serieus en vol respect.

"Py Jingo!" esclamò Hans in fretta. "Neanch'io, no signore."

"Py Jingo!" zei Hans snel. "Ik ook niet, meneer."

Prima che finisse l'anno, i timori di Pete si avverarono a Circle City.

Nog voor het einde van het jaar werden Petes angsten werkelijkheid bij Circle City.

Un uomo crudele di nome Black Burton attaccò una rissa nel bar.

Een wrede man genaamd Black Burton begon ruzie in de bar.

Era arrabbiato e cattivo, e si scagliava contro un novellino.

Hij was boos en gemeen en viel een nieuwe beginneling aan.

John Thornton intervenne, calmo e bonario come sempre.

John Thornton stapte in, kalm en goedgehumeurd als altijd.

Buck giaceva in un angolo, con la testa bassa, e osservava Thornton attentamente.

Buck lag in een hoek, met zijn hoofd naar beneden, en hield Thornton nauwlettend in de gaten.

Burton colpì all'improvviso e il suo pugno fece girare Thornton.

Burton sloeg plotseling toe en Thornton begon te tollen.

Solo la ringhiera della sbarra gli impedì di cadere violentemente a terra.

Alleen de leuning van de bar voorkwam dat hij hard op de grond viel.

Gli osservatori hanno sentito un suono che non era un abbaio o un guaito
De waarnemers hoorden een geluid dat geen geblaf of gejank was

Buck emise un profondo ruggito mentre si lanciava verso l'uomo.
Een diep gebrul klonk uit Buck terwijl hij op de man afstormde.

Burton alzò il braccio e per poco non si salvò la vita.
Burton gooide zijn arm in de lucht en redde ternauwernood zijn eigen leven.

Buck si schiantò contro di lui, facendolo cadere a terra.
Buck botste tegen hem aan, waardoor hij plat op de grond viel.

Buck gli diede un morso profondo al braccio, poi si lanciò alla gola.
Buck beet diep in de arm van de man en greep hem vervolgens bij de keel.

Burton riuscì a parare solo in parte e il suo collo fu squarciato.
Burton kon de aanval slechts gedeeltelijk blokkeren en zijn nek scheurde open.

Gli uomini si precipitarono dentro, brandendo i manganelli e allontanarono Buck dall'uomo sanguinante.
Mannen renden naar binnen, hielden hun knuppels geheven en joegen Buck weg van de bloedende man.

Un chirurgo ha lavorato rapidamente per impedire che il sangue fuoriuscisse.
Een chirurg kwam snel in actie om te voorkomen dat het bloed wegstroomde.

Buck camminava avanti e indietro ringhiando, tentando di attaccare ancora e ancora.
Buck liep heen en weer en gromde, terwijl hij steeds opnieuw probeerde aan te vallen.

Soltanto i bastoni oscillanti gli impedirono di raggiungere Burton.
Alleen zwaaiende clubs weerhielden hem ervan Burton te bereiken.

Proprio lì, sul posto, venne convocata una riunione dei minatori.
Er werd ter plekke een vergadering van de mijnwerkers belegd en gehouden.
Concordarono sul fatto che Buck era stato provocato e votarono per liberarlo.
Ze waren het erover eens dat Buck was geprovoceerd en stemden voor zijn vrijlating.
Ma il nome feroce di Buck risuonava ormai in ogni accampamento dell'Alaska.
Maar de felle naam van Buck klonk nu in elk kamp in Alaska.
Più tardi, quello stesso autunno, Buck salvò Thornton di nuovo in un modo nuovo.
Later die herfst redde Buck Thornton opnieuw, maar dan op een nieuwe manier.
I tre uomini stavano guidando una lunga barca lungo delle rapide impetuose.
De drie mannen bestuurden een lange boot door ruwe stroomversnellingen.
Thornton manovrava la barca, gridando indicazioni per raggiungere la riva.
Thornton bestuurde de boot en riep de weg naar de kustlijn.
Hans e Pete correvano sulla terraferma, tenendo una corda da un albero all'altro.
Hans en Pete renden over land, met een touw in hun handen van boom tot boom.
Buck procedeva a passo d'uomo sulla riva, tenendo sempre d'occhio il suo padrone.
Buck hield gelijke tred met de oever en hield zijn baasje voortdurend in de gaten.
In un punto pericoloso, delle rocce sporgevano dall'acqua veloce.
Op een vervelende plek staken er rotsen uit onder het snelstromende water.
Hans lasciò andare la cima e Thornton tirò la barca verso la larghezza.
Hans liet het touw los en Thornton stuurde de boot wijd.

Hans corse a percorrerla di nuovo, superando le pericolose rocce.
Hans rende om de boot weer te pakken en passeerde de gevaarlijke rotsen.
La barca superò la sporgenza ma trovò una corrente più forte.
De boot kwam over de rand heen, maar stuitte op een sterker deel van de stroming.
Hans afferrò la cima troppo velocemente e fece perdere l'equilibrio alla barca.
Hans greep het touw te snel vast en bracht de boot uit balans.
La barca si capovolse e sbatté contro la riva, con la parte inferiore rivolta verso l'alto.
De boot sloeg om en belandde met de onderkant naar boven op de oever.
Thornton venne scaraventato fuori e trascinato nella parte più selvaggia dell'acqua.
Thornton werd eruit geslingerd en meegesleurd in het wildste deel van het water.
Nessun nuotatore sarebbe sopravvissuto in quelle acque pericolose e pericolose.
Geen enkele zwemmer zou hebben kunnen overleven in dat dodelijke, razende water.
Buck si lanciò all'istante e inseguì il suo padrone lungo il fiume.
Buck sprong meteen in het water en achtervolgde zijn baasje de rivier af.
Dopo trecento metri finalmente raggiunse Thornton.
Na driehonderd meter bereikte hij eindelijk Thornton.
Thornton afferrò la coda di Buck, e Buck si diresse verso la riva.
Thornton greep Buck bij zijn staart en Buck liep naar de kust.
Nuotò con tutte le sue forze, lottando contro la forte resistenza dell'acqua.
Hij zwom met volle kracht en verzette zich tegen de sterke weerstand van het water.

Si spostarono verso valle più velocemente di quanto riuscissero a raggiungere la riva.
Ze bewogen zich sneller stroomafwaarts dan ze de kust konden bereiken.
Più avanti, il fiume ruggiva più forte, precipitando in rapide mortali.
Voor ons bulderde de rivier nog luider terwijl deze in dodelijke stroomversnellingen stortte.
Le rocce fendevano l'acqua come i denti di un enorme pettine.
Rotsen sneden door het water als de tanden van een enorme kam.
La forza di attrazione dell'acqua nei pressi del dislivello era selvaggia e ineluttabile.
De aantrekkingskracht van het water bij de waterval was enorm en onontkoombaar.
Thornton sapeva che non sarebbero mai riusciti a raggiungere la riva in tempo.
Thornton wist dat ze de kust nooit op tijd zouden bereiken.
Raschiò una roccia, ne sbatté una seconda,
Hij schraapte over een rots, sloeg over een tweede,
Poi si schiantò contro una terza roccia, afferrandola con entrambe le mani.
Vervolgens botste hij tegen een derde rots, die hij met beide handen vastgreep.
Lasciò andare Buck e urlò sopra il ruggito: "Vai, Buck! Vai!"
Hij liet Buck los en riep boven het gebrul uit: "Ga, Buck! Ga!"
Buck non riuscì a restare a galla e fu trascinato dalla corrente.
Buck kon niet blijven drijven en werd door de stroming meegesleurd.
Lottò con tutte le sue forze, cercando di girarsi, ma non fece alcun progresso.
Hij verzette zich hevig en probeerde zich om te draaien, maar kwam geen stap vooruit.
Poi sentì Thornton ripetere il comando sopra il fragore del fiume.

Toen hoorde hij Thornton het bevel herhalen, boven het gebulder van de rivier uit.
Buck si impennò fuori dall'acqua e sollevò la testa come per dare un'ultima occhiata.
Buck kwam uit het water en hief zijn kop op alsof hij hem nog een laatste keer wilde zien.
poi si voltò e obbedì, nuotando verso la riva con risolutezza.
draaide zich om en gehoorzaamde, en zwom vastberaden naar de oever.
Pete e Hans lo tirarono a riva all'ultimo momento possibile.
Op het allerlaatste moment trokken Pete en Hans hem aan land.
Sapevano che Thornton avrebbe potuto aggrapparsi alla roccia solo per pochi minuti.
Ze wisten dat Thornton zich nog maar een paar minuten aan de rots kon vastklampen.
Corsero su per la riva fino a un punto molto più in alto rispetto al punto in cui lui era appeso.
Ze renden de oever op naar een plek ver boven de plek waar hij hing.
Legarono con cura la cima della barca al collo e alle spalle di Buck.
Ze maakten de lijn van de boot zorgvuldig vast aan Bucks nek en schouders.
La corda era stretta ma abbastanza larga da permettere di respirare e muoversi.
Het touw zat strak, maar was los genoeg om te kunnen ademen en bewegen.
Poi lo gettarono di nuovo nel fiume impetuoso e mortale.
Daarna gooiden ze hem weer in de snelstromende, dodelijke rivier.
Buck nuotò coraggiosamente ma non riuscì a prendere l'angolazione giusta per affrontare la forza della corrente.
Buck zwom dapper, maar miste de kracht van de stroming.
Si accorse troppo tardi che stava per superare Thornton.
Hij zag te laat dat hij Thornton voorbij zou drijven.

Hans tirò forte la corda, come se Buck fosse una barca che si capovolge.
Hans trok het touw strak, alsof Buck een kapseizende boot was.

La corrente lo trascinò sott'acqua e lui scomparve sotto la superficie.
Hij werd door de stroming meegesleurd en verdween onder het wateroppervlak.

Il suo corpo colpì la riva prima che Hans e Pete lo tirassero fuori.
Zijn lichaam sloeg tegen de oever voordat Hans en Pete hem eruit konden trekken.

Era mezzo annegato e gli tolsero l'acqua dal corpo.
Hij was half verdronken, en ze sloegen het water uit hem.

Buck si alzò, barcollò e crollò di nuovo a terra.
Buck stond op, wankelde en viel weer op de grond.

Poi udirono la voce di Thornton portata debolmente dal vento.
Toen hoorden ze Thorntons stem zwakjes door de wind worden meegevoerd.

Sebbene le parole non fossero chiare, sapevano che era vicino alla morte.
Ook al waren de woorden onduidelijk, ze wisten dat hij bijna dood was.

Il suono della voce di Thornton colpì Buck come una scossa elettrica.
Het geluid van Thorntons stem trof Buck als een elektrische schok.

Saltò in piedi e corse su per la riva, tornando al punto di partenza.
Hij sprong op, rende de oever op en keerde terug naar het vertrekpunt.

Legarono di nuovo la corda a Buck, e di nuovo lui entrò nel fiume.
Opnieuw bonden ze het touw aan Buck vast, en opnieuw stapte hij de beek in.

Questa volta nuotò direttamente e con decisione nell'acqua impetuosa.
Deze keer zwom hij rechtstreeks en vastberaden het stromende water in.

Hans lasciò scorrere la corda con regolarità, mentre Pete impediva che si aggrovigliasse.
Hans liet het touw rustig los en Pete zorgde ervoor dat het niet in de knoop raakte.

Buck nuotò con forza finché non si trovò allineato appena sopra Thornton.
Buck zwom hard tot hij vlak boven Thornton lag.

Poi si voltò e si lanciò verso di lui come un treno a tutta velocità.
Toen draaide hij zich om en rende er als een trein op volle snelheid vandoor.

Thornton lo vide arrivare, si preparò e gli abbracciò il collo.
Thornton zag hem aankomen, schrapte zich schrap en sloeg zijn armen om zijn nek.

Hans legò saldamente la corda attorno a un albero mentre entrambi venivano tirati sott'acqua.
Hans bond het touw vast om een boom terwijl ze beiden naar beneden werden getrokken.

Caddero sott'acqua, schiantandosi contro rocce e detriti del fiume.
Ze stortten onder water neer en kwamen tegen de rotsen en het rivierafval terecht.

Un attimo prima Buck era in cima e un attimo dopo Thornton si alzava ansimando.
Het ene moment zat Buck bovenop, het volgende moment stond Thornton hijgend op.

Malconci e soffocati, si diressero verso la riva e si misero in salvo.
Gehavend en stikkend, zochten ze hun toevlucht tot de oever, op zoek naar veiligheid.

Thornton riprese conoscenza mentre era sdraiato su un tronco alla deriva.

Thornton kwam weer bij bewustzijn terwijl hij op een drijfboomstam lag.

Hans e Pete lavorarono duramente per riportarlo a respirare e a vivere.

Hans en Pete hebben hard gewerkt om hem weer op adem te brengen en leven te geven.

Il suo primo pensiero fu per Buck, che giaceva immobile e inerte.

Zijn eerste gedachte ging uit naar Buck, die roerloos en slap op de grond lag.

Nig ululò sul corpo di Buck e Skeet gli leccò delicatamente il viso.

Nig huilde over Bucks lichaam en Skeet likte zachtjes zijn gezicht.

Thornton, dolorante e contuso, esaminò Buck con mano attenta.

Thornton, pijnlijk en gekneusd, onderzocht Buck voorzichtig.

Ha trovato tre costole rotte, ma il cane non presentava ferite mortali.

Hij constateerde dat de hond drie gebroken ribben had, maar geen dodelijke verwondingen.

"Questo è tutto", disse Thornton. "Ci accamperemo qui". E così fecero.

"Dat is het dan," zei Thornton. "We kamperen hier." En dat deden ze.

Rimasero lì finché le costole di Buck non guarirono e lui poté di nuovo camminare.

Ze bleven totdat Bucks ribben genezen waren en hij weer kon lopen.

Quell'inverno Buck compì un'impresa che accrebbe ulteriormente la sua fama.

Die winter leverde Buck een prestatie die zijn roem verder vergrootte.

Fu un gesto meno eroico del salvataggio di Thornton, ma altrettanto impressionante.

Het was minder heldhaftig dan het redden van Thornton, maar net zo indrukwekkend.

A Dawson, i soci avevano bisogno di provviste per un viaggio lontano.

In Dawson hadden de partners proviand nodig voor een verre reis.

Volevano viaggiare verso est, in terre selvagge e incontaminate.

Ze wilden naar het oosten reizen, naar de ongerepte wildernis.

Quel viaggio fu possibile grazie all'impresa compiuta da Buck nell'Eldorado Saloon.

Buck's act in de Eldorado Saloon maakte die reis mogelijk.

Tutto cominciò con degli uomini che si vantavano dei loro cani bevendo qualcosa.

Het begon met mannen die tijdens een drankje opschepten over hun honden.

La fama di Buck lo rese bersaglio di sfide e dubbi.

Door zijn roem werd Buck het doelwit van uitdagingen en twijfels.

Thornton, fiero e calmo, rimase fermo nel difendere il nome di Buck.

Thornton, trots en kalm, bleef standvastig de naam van Buck verdedigen.

Un uomo ha affermato che il suo cane riusciva a trainare facilmente duecentocinquanta chili.

Een man zei dat zijn hond met gemak 227 kilo kon trekken.

Un altro disse seicento, e un terzo si vantò di settecento.

Een ander zei zeshonderd, en een derde pochte zevenhonderd.

"Pfft!" disse John Thornton, "Buck può trainare una slitta da mille libbre."

"Pfft!" zei John Thornton, "Buck kan een slee van duizend pond trekken."

Matthewson, un Bonanza King, si sporse in avanti e lo sfidò.

Matthewson, een Bonanza King, boog zich naar voren en daagde hem uit.

"Pensi che possa spostare tutto quel peso?"

"Denk je dat hij zoveel gewicht in beweging kan zetten?"

"E pensi che riesca a sollevare il peso per cento metri?"
"En denk je dat hij dat gewicht een volle honderd meter kan trekken?"

Thornton rispose freddamente: "Sì. Buck è abbastanza cane da farlo."
Thornton antwoordde koeltjes: "Ja. Buck is hond genoeg om het te doen."

"Metterà in moto mille libbre e la tirerà per cento metri."
"Hij zet duizend kilo in beweging en trekt het honderd meter verder."

Matthewson sorrise lentamente e si assicurò che tutti gli uomini udissero le sue parole.
Matthewson glimlachte langzaam en zorgde ervoor dat iedereen zijn woorden kon horen.

"Ho mille dollari che dicono che non può. Eccoli."
"Ik heb duizend dollar waarop staat dat hij het niet kan. Daar is het."

Sbatté sul bancone un sacco di polvere d'oro grande quanto una salsiccia.
Hij gooide een zak goudstof, ter grootte van een worst, op de bar.

Nessuno disse una parola. Il silenzio si fece pesante e teso intorno a loro.
Niemand zei een woord. De stilte om hen heen werd zwaar en gespannen.

Il bluff di Thornton, se mai lo fu, era stato preso sul serio.
Thorntons bluf – als het er een was – werd serieus genomen.

Sentì il calore salirgli al viso mentre il sangue gli affluiva alle guance.
Hij voelde de hitte in zijn gezicht toenemen en het bloed stroomde naar zijn wangen.

In quel momento la sua lingua aveva preceduto la ragione.
Op dat moment was zijn tong zijn verstand voorbijgestreefd.

Non sapeva davvero se Buck sarebbe riuscito a spostare mille libbre.
Hij wist werkelijk niet of Buck duizend pond kon verplaatsen.

Mezza tonnellata! Solo la sua mole gli faceva sentire il cuore pesante.
Een halve ton! Alleen al de omvang ervan maakte hem zwaar op de maag.
Aveva fiducia nella forza di Buck e lo riteneva capáce.
Hij had vertrouwen in Bucks kracht en achtte hem capabel.
Ma non aveva mai affrontato una sfida di questo tipo, non in questo modo.
Maar hij was nog nooit voor een dergelijke uitdaging komen te staan.
Una dozzina di uomini lo osservavano in silenzio, in attesa di vedere cosa avrebbe fatto.
Een tiental mannen keken hem stilletjes aan en wachtten af wat hij zou doen.
Lui non aveva i soldi, e nemmeno Hans e Pete.
Hij had het geld niet, en Hans en Pete ook niet.
"Ho una slitta fuori", disse Matthewson in modo freddo e diretto.
"Ik heb buiten een slee staan," zei Matthewson koud en direct.
"È carico di venti sacchi, da cinquanta libbre ciascuno, tutti di farina.
"Hij is geladen met twintig zakken van vijftig pond per stuk, allemaal meel.
Quindi non lasciare che la scomparsa della slitta diventi la tua scusa", ha aggiunto.
"Laat een vermiste slee dus niet langer uw excuus zijn", voegde hij eraan toe.
Thornton rimase in silenzio. Non sapeva che parole dire.
Thornton bleef stil. Hij wist niet welke woorden hij moest gebruiken.
Guardò i volti intorno a sé senza vederli chiaramente.
Hij keek rond naar de gezichten, maar zag ze niet duidelijk.
Sembrava un uomo immerso nei suoi pensieri, che cercava di ripartire.
Hij zag eruit als een man die in gedachten verzonken was en probeerde opnieuw te beginnen.
Poi incontrò Jim O'Brien, un amico dei tempi dei Mastodon.

Toen zag hij Jim O'Brien, een vriend uit de Mastodon-tijd.
Quel volto familiare gli diede un coraggio che non sapeva di avere.
Dat bekende gezicht gaf hem moed waarvan hij niet wist dat hij het had.
Si voltò e chiese a bassa voce: "Puoi prestarmi mille dollari?"
Hij draaide zich om en vroeg met gedempte stem: "Kun je mij duizend lenen?"
"Certo", disse O'Brien, lasciando cadere un pesante sacco vicino all'oro.
"Tuurlijk," zei O'Brien, terwijl hij alvast een zware zak bij het goud liet vallen.
"Ma sinceramente, John, non credo che la bestia possa fare questo."
"Maar eerlijk gezegd, John, geloof ik niet dat het beest dit kan."
Tutti quelli presenti all'Eldorado Saloon si precipitarono fuori per assistere all'evento.
Iedereen in de Eldorado Saloon haastte zich naar buiten om het evenement te zien.
Lasciarono tavoli e bevande e perfino le partite furono sospese.
Er werden tafels en drankjes neergezet en zelfs de spelen werden stilgelegd.
Croupier e giocatori accorsero per assistere alla conclusione di questa audace scommessa.
Gokkers en dealers kwamen om het einde van de gewaagde weddenschap te aanschouwen.
Centinaia di persone si radunarono attorno alla slitta sulla strada ghiacciata.
Honderden mensen verzamelden zich rond de slee op de ijzige, open straat.
La slitta di Matthewson era carica di un carico completo di sacchi di farina.
De slee van Matthewson stond vol met zakken meel.
La slitta era rimasta ferma per ore a temperature sotto lo zero.

De slee had urenlang bij temperaturen onder het vriespunt stilgestaan.

I pattini della slitta erano congelati e incollati alla neve compatta.

De glijders van de slee zaten vastgevroren aan de aangestampte sneeuw.

Gli uomini scommettevano due a uno che Buck non sarebbe riuscito a spostare la slitta.

De mannen gaven een quotering van twee tegen één dat Buck de slee niet kon verplaatsen.

Scoppiò una disputa su cosa significasse realmente "break out".

Er ontstond een meningsverschil over de vraag wat 'uitbreken' precies betekende.

O'Brien ha affermato che Thornton dovrebbe allentare la base ghiacciata della slitta.

O'Brien zei dat Thornton de bevroren basis van de slee los moest maken.

Buck potrebbe quindi "rompere" una partenza solida e immobile.

Buck kon toen 'uitbreken' vanuit een solide, bewegingloze start.

Matthewson sosteneva che anche il cane doveva liberare i corridori.

Matthewson stelde dat de hond ook de renners moest bevrijden.

Gli uomini che avevano sentito la scommessa concordavano con Matthewson.

De mannen die van de weddenschap hadden gehoord, waren het eens met Matthewsons standpunt.

Con questa sentenza, le probabilità contro Buck salirono a tre a uno.

Met deze uitspraak steeg de odds naar drie tegen één in het nadeel van Buck.

Nessuno si fece avanti per accettare le crescenti quote di tre a uno.

Niemand durfde de groeiende kans van drie tegen één te accepteren.
Nessuno credeva che Buck potesse compiere la grande impresa.
Niemand geloofde dat Buck deze grote prestatie zou kunnen leveren.
Thornton era stato spinto a scommettere, pieno di dubbi.
Thornton was overhaast met de weddenschap begonnen, vol twijfels.
Ora guardava la slitta e la muta di dieci cani accanto ad essa.
Nu keek hij naar de slee en het span van tien honden ernaast.
Vedere la realtà del compito lo faceva sembrare ancora più impossibile.
Toen ik de werkelijkheid onder ogen zag, leek het steeds onmogelijker.
In quel momento Matthewson era pieno di orgoglio e sicurezza.
Matthewson was op dat moment vervuld van trots en zelfvertrouwen.
"Tre a uno!" urlò. "Ne scommetto altri mille, Thornton!
"Drie tegen één!" riep hij. "Ik wed nog eens duizend, Thornton!
"Cosa dici?" aggiunse, abbastanza forte da farsi sentire da tutti.
"Wat zeg je?" voegde hij eraan toe, luid genoeg zodat iedereen het kon horen.
Il volto di Thornton esprimeva i suoi dubbi, ma il suo spirito era sollevato.
Thorntons gezicht verraadde zijn twijfels, maar zijn geest was opgestaan.
Quello spirito combattivo ignorava le avversità e non temeva nulla.
Die vechtlust negeerde alle tegenslagen en was nergens bang voor.
Chiamò Hans e Pete perché portassero tutti i loro soldi al tavolo.
Hij belde Hans en Pete en vroeg of ze al hun geld op tafel wilden leggen.

Non gli era rimasto molto altro: solo duecento dollari in tutto.
Ze hadden bijna niets meer over: samen nog maar tweehonderd dollar.
Questa piccola somma costituiva la loro intera fortuna nei momenti difficili.
Dit kleine bedrag was hun totale fortuin tijdens moeilijke tijden.
Ciononostante puntarono tutta la loro fortuna contro la scommessa di Matthewson.
Toch zetten ze hun hele fortuin in tegen Matthewsons weddenschap.
La muta composta da dieci cani venne sganciata e allontanata dalla slitta.
Het span van tien honden werd afgekoppeld en liep weg van de slee.
Buck venne messo alle redini, indossando la sua consueta imbracatura.
Buck werd aan de teugels gezet, zijn vertrouwde tuig om.
Aveva colto l'energia della folla e ne aveva percepito la tensione.
Hij had de energie van het publiek opgevangen en voelde de spanning.
In qualche modo sapeva che doveva fare qualcosa per John Thornton.
Op de een of andere manier wist hij dat hij iets moest doen voor John Thornton.
La gente mormorava ammirata di fronte alla figura fiera del cane.
Mensen mompelden vol bewondering toen ze de trotse gestalte van de hond zagen.
Era magro e forte, senza un solo grammo di carne in più.
Hij was slank en sterk, zonder ook maar een grammetje teveel vlees.
Il suo peso di centocinquanta chili era sinonimo di potenza e resistenza.

Zijn totale gewicht van honderdvijftig kilo was niets dan kracht en uithoudingsvermogen.

Il mantello di Buck brillava come la seta, denso di salute e forza.

Bucks vacht glansde als zijde, dik van gezondheid en kracht.

La pelliccia sul collo e sulle spalle sembrava sollevarsi e drizzarsi.

De vacht op zijn nek en schouders leek overeind te gaan staan.

La sua criniera si muoveva leggermente, ogni capello era animato dalla sua grande energia.

Zijn manen bewogen een beetje, elk haartje leefde op door zijn grote energie.

Il suo petto ampio e le sue gambe forti si sposavano bene con la sua corporatura pesante e robusta.

Zijn brede borstkas en sterke benen pasten bij zijn zware, stoere lichaam.

I muscoli si tesero sotto il cappotto, tesi e sodi come ferro legato.

Onder zijn jas rimpelden spieren, strak en stevig als gebonden ijzer.

Gli uomini lo toccavano e giuravano che era fatto come una macchina d'acciaio.

Mannen raakten hem aan en zwoeren dat hij gebouwd was als een stalen machine.

Le probabilità contro il grande cane sono scese leggermente a due a uno.

De kans dat de grote hond zou winnen daalde lichtjes naar twee tegen één.

Un uomo dei banchi di Skookum si fece avanti balbettando.

Een man van de Skookum-banken duwde stotterend naar voren.

"Bene, signore! Offro ottocento per lui... prima della prova, signore!"

"Goed, meneer! Ik bied hem achthonderd dollar - vóór de test, meneer!"

"Ottocento, così com'è adesso!" insistette l'uomo.

"Achthonderd, zoals hij er nu staat!" hield de man vol.

Thornton fece un passo avanti, sorrise e scosse la testa con calma.
Thornton stapte naar voren, glimlachte en schudde kalm zijn hoofd.
Matthewson intervenne rapidamente con tono ammonitore e aggrottando la fronte.
Matthewson kwam snel tussenbeide met een waarschuwende stem en een frons.
"Devi allontanarti da lui", disse. "Dagli spazio."
"Je moet bij hem vandaan gaan," zei hij. "Geef hem de ruimte."
La folla tacque; solo i giocatori continuavano a offrire due a uno.
De menigte werd stil; alleen gokkers boden nog twee tegen één aan.
Tutti ammiravano la corporatura di Buck, ma il carico sembrava troppo pesante.
Iedereen bewonderde Bucks bouw, maar de lading leek te groot.
Venti sacchi di farina, ciascuno del peso di cinquanta libbre, sembravano decisamente troppi.
Twintig zakken meel, elk 23 kilo zwaar, leek me veel te veel.
Nessuno era disposto ad aprire la borsa e a rischiare i propri soldi.
Niemand wilde zijn buidel openen en zijn geld riskeren.
Thornton si inginocchiò accanto a Buck e gli prese la testa tra entrambe le mani.
Thornton knielde naast Buck en nam zijn hoofd in beide handen.
Premette la guancia contro quella di Buck e gli parlò all'orecchio.
Hij drukte zijn wang tegen die van Buck en sprak in zijn oor.
Non c'erano più né scossoni giocosi né insulti affettuosi sussurrati.
Er was nu geen sprake meer van speels schudden of gefluisterde, liefdevolle beledigingen.
Mormorò solo dolcemente: "Quanto mi ami, Buck."

Hij mompelde alleen zachtjes: "Zoveel als je van me houdt, Buck."

Buck emise un gemito sommesso, trattenendo a stento la sua impazienza.

Buck liet een zacht gejank horen, zijn enthousiasme nauwelijks te beteugelen.

Gli astanti osservavano con curiosità la tensione che aleggiava nell'aria.

De omstanders keken nieuwsgierig toe hoe de spanning in de lucht hing.

Quel momento sembrava quasi irreale, qualcosa che trascendeva la ragione.

Het voelde een bijna onwerkelijk moment, als iets wat de rede te boven ging.

Quando Thornton si alzò, Buck gli prese delicatamente la mano tra le fauci.

Toen Thornton opstond, pakte Buck zachtjes zijn hand vast.

Premette con i denti, poi lasciò andare lentamente e delicatamente.

Hij drukte met zijn tanden op de tanden en liet ze toen langzaam en voorzichtig los.

Fu una risposta silenziosa d'amore, non detta, ma compresa.

Het was een stil antwoord van liefde, niet uitgesproken, maar begrepen.

Thornton si allontanò di molto dal cane e diede il segnale.

Thornton deed een stap op afstand van de hond en gaf het signaal.

"Ora, Buck", disse, e Buck rispose con calma concentrata.

"Nou, Buck," zei hij, en Buck reageerde met geconcentreerde kalmte.

Buck tese le corde, poi le allentò di qualche centimetro.

Buck spande de sporen aan, en draaide ze daarna een paar centimeter losser.

Questo era il metodo che aveva imparato; il suo modo per rompere la slitta.

Dit was de methode die hij had geleerd; zijn manier om de slee te breken.

"Caspita!" urlò Thornton, con voce acuta nel silenzio pesante.
"Jee!" riep Thornton, zijn stem scherp in de zware stilte.
Buck si girò verso destra e si lanciò con tutto il suo peso.
Buck draaide zich naar rechts en haalde met zijn hele gewicht uit.
Il gioco svanì e tutta la massa di Buck colpì le timonerie strette.
De speling verdween en Bucks volle massa kwam in de nauwe doorgangen terecht.
La slitta tremò e i pattini produssero un suono secco e scoppiettante.
De slee trilde en de lopers maakten een krakend geluid.
"Haw!" ordinò Thornton, cambiando di nuovo direzione a Buck.
"Ha!" beval Thornton, terwijl hij Buck weer van richting veranderde.
Buck ripeté la mossa, questa volta tirando bruscamente verso sinistra.
Buck herhaalde de beweging, maar deze keer trok hij scherp naar links.
La slitta scricchiolava più forte, i pattini schioccavano e si spostavano.
De slee kraakte steeds harder, de renners knapten en bewogen.
Il pesante carico scivolò leggermente di lato sulla neve ghiacciata.
De zware last gleed lichtjes zijwaarts over de bevroren sneeuw.
La slitta si era liberata dalla presa del sentiero ghiacciato!
De slee was losgebroken uit de greep van het ijzige pad!
Gli uomini trattennero il respiro, inconsapevoli di non stare nemmeno respirando.
De mannen hielden hun adem in, zich er niet van bewust dat ze niet ademden.
"Ora, TIRA!" gridò Thornton nel silenzio glaciale.
"Nu, TREK!" riep Thornton door de bevroren stilte.

Il comando di Thornton risuonò netto, come lo schiocco di una frusta.
Thorntons bevel klonk scherp, als het geluid van een zweep.
Buck si lanciò in avanti con un affondo violento e violento.
Buck wierp zich naar voren met een felle en schokkende uitval.
Tutto il suo corpo si irrigidì e si contrasse sotto l'enorme sforzo.
Zijn hele lichaam spande zich aan en werd onrustig door de enorme druk.
I muscoli si muovevano sotto la pelliccia come serpenti che prendevano vita.
Spieren rimpelden onder zijn vacht alsof er slangen tot leven kwamen.
Il suo grande petto era basso e la testa era protesa in avanti verso la slitta.
Zijn grote borst was laag en hij had zijn hoofd vooruit gericht, richting de slee.
Le sue zampe si muovevano come fulmini e gli artigli fendevano il terreno ghiacciato.
Zijn poten bewogen als bliksemschichten, zijn klauwen sneden door de bevroren grond.
I solchi erano profondi mentre lottava per ogni centimetro di trazione.
Hij sneed diepe groeven in de grond terwijl hij vocht voor elke centimeter grip.
La slitta ondeggiò, tremò e cominciò a muoversi lentamente e in modo inquieto.
De slee schommelde, trilde en begon langzaam en onrustig te bewegen.
Un piede scivolò e un uomo tra la folla gemette ad alta voce.
Eén voet gleed uit en een man in de menigte kreunde luid.
Poi la slitta si lanciò in avanti con un movimento brusco e a scatti.
Toen schoot de slee met een schokkende, ruwe beweging naar voren.

Non si fermò più: mezzo pollice...un pollice...cinque pollici in più.
Het stopte niet opnieuw - een halve inch... een inch... twee inches meer.
Gli scossoni si fecero più lievi man mano che la slitta cominciava ad acquistare velocità.
Naarmate de slee meer snelheid kreeg, werden de schokken minder.
Presto Buck cominciò a tirare con una potenza fluida e uniforme.
Al snel trok Buck met soepele, gelijkmatige, rollende kracht.
Gli uomini sussultarono e finalmente si ricordarono di respirare di nuovo.
Mannen snakten naar adem en konden pas weer ademhalen.
Non si erano accorti che il loro respiro si era fermato per lo stupore.
Ze hadden niet gemerkt dat hun adem stokte van ontzag.
Thornton gli corse dietro, gridando comandi brevi e allegri.
Thornton rende achter hen aan en riep korte, vrolijke commando's.
Davanti a noi c'era una catasta di legna da ardere che segnava la distanza.
Voor ons lag een stapel brandhout die de afstand markeerde.
Mentre Buck si avvicinava al mucchio, gli applausi diventavano sempre più forti.
Terwijl Buck de stapel naderde, werd het gejuich steeds luider.
Gli applausi crebbero fino a diventare un boato quando Buck superò il traguardo.
Het gejuich groeide uit tot een gebrul toen Buck het eindpunt passeerde.
Gli uomini saltarono e gridarono, perfino Matthewson sorrise.
Mannen sprongen en schreeuwden, zelfs Matthewson begon te grijnzen.
I cappelli volavano in aria e i guanti venivano lanciati senza pensarci o mirare.

Hoeden vlogen door de lucht, wanten werden gedachteloos en doelloos weggegooid.

Gli uomini si afferrarono e si strinsero la mano senza sapere chi.

Mannen pakten elkaar vast en schudden elkaar de hand, zonder dat ze wisten wie.

Tutta la folla era in delirio, in un tripudio di gioia e di entusiasmo.

De hele menigte was uitgelaten en uitgelaten in feestvreugde.

Thornton cadde in ginocchio accanto a Buck con le mani tremanti.

Thornton knielde met trillende handen naast Buck neer.

Premette la testa contro quella di Buck e lo scosse delicatamente avanti e indietro.

Hij drukte zijn hoofd tegen dat van Buck en schudde hem zachtjes heen en weer.

Chi si avvicinava lo sentiva maledire il cane con amore silenzioso.

Degenen die dichterbij kwamen hoorden hem met stille liefde de hond vervloeken.

Imprecò a lungo contro Buck, con dolcezza, calore, emozione.

Hij vloekte langdurig tegen Buck, zacht, warm en emotioneel.

"Bene, signore! Bene, signore!" esclamò di corsa il re della panchina di Skookum.

"Goed, meneer! Goed, meneer!" riep de koning van de Skookum Bench haastig.

"Le darò mille, anzi milleduecento, per quel cane, signore!"

"Ik geef u duizend, nee, twaalfhonderd, voor die hond, meneer!"

Thornton si alzò lentamente in piedi, con gli occhi brillanti di emozione.

Thornton stond langzaam op, zijn ogen straalden van emotie.

Le lacrime gli rigavano le guance senza alcuna vergogna.

Tranen stroomden schaamteloos over zijn wangen.

"Signore", disse al re della panchina di Skookum, con fermezza e fermezza

"Meneer," zei hij tegen de koning van de Skookum Bench, standvastig en vastberaden

"No, signore. Può andare all'inferno, signore. Questa è la mia risposta definitiva."

"Nee, meneer. U kunt naar de hel lopen, meneer. Dat is mijn definitieve antwoord."

Buck afferrò delicatamente la mano di Thornton tra le sue forti mascelle.

Buck greep Thorntons hand zachtjes vast met zijn sterke kaken.

Thornton lo scosse scherzosamente; il loro legame era più profondo che mai.

Thornton schudde hem speels; hun band was nog steeds hecht.

La folla, commossa dal momento, fece un passo indietro in silenzio.

De menigte, ontroerd door het moment, deed in stilte een stap achteruit.

Da quel momento in poi nessuno osò più interrompere un affetto così sacro.

Vanaf dat moment durfde niemand meer zo'n heilige genegenheid te onderbreken.

Il suono della chiamata
Het geluid van de roep

Buck aveva guadagnato milleseicento dollari in cinque minuti.
Buck had in vijf minuten zestienhonderd dollar verdiend.
Il denaro permise a John Thornton di saldare alcuni dei suoi debiti.
Met het geld kon John Thornton een deel van zijn schulden afbetalen.
Con il resto del denaro si diresse verso est insieme ai suoi soci.
Met de rest van het geld vertrok hij met zijn partners naar het oosten.
Cercarono una leggendaria miniera perduta, antica quanto il paese stesso.
Ze zochten naar een legendarische verloren mijn, die net zo oud was als het land zelf.
Molti uomini avevano cercato la miniera, ma pochi l'avevano trovata.
Veel mannen hadden naar de mijn gezocht, maar weinigen hadden hem ooit gevonden.
Molti uomini erano scomparsi durante la pericolosa ricerca.
Tijdens de gevaarlijke zoektocht waren er nogal wat mannen verdwenen.
Questa miniera perduta era avvolta nel mistero e nella vecchia tragedia.
Deze verloren mijn was omgeven door mysterie en oude tragedie.
Nessuno sapeva chi fosse stato il primo uomo a scoprire la miniera.
Niemand wist wie de eerste man was die de mijn had gevonden.
Le storie più antiche non menzionano nessuno per nome.
In de oudste verhalen wordt niemand bij naam genoemd.
Lì c'era sempre stata una vecchia capanna fatiscente.
Er heeft altijd een oude, bouwvallige hut gestaan.

I moribondi avevano giurato che vicino a quella vecchia capanna ci fosse una miniera.
Stervende mannen hadden gezworen dat er naast die oude hut een mijn lag.
Hanno dimostrato le loro storie con un oro che non ha eguali altrove.
Ze bewezen hun verhalen met goud, zoals je dat nergens anders kunt vinden.
Nessuna anima viva aveva mai saccheggiato il tesoro da quel luogo.
Geen enkel levend wezen had ooit de schat van die plek meegenomen.
I morti erano morti e i morti non raccontano storie.
De doden waren dood, en dode mannen vertellen geen verhalen.
Così Thornton e i suoi amici si diressero verso Est.
Thornton en zijn vrienden vertrokken dus naar het oosten.
Si unirono a noi Pete e Hans, portando con sé Buck e sei cani robusti.
Pete en Hans gingen mee en brachten Buck en zes sterke honden mee.
Si avviarono lungo un sentiero sconosciuto dove altri avevano fallito.
Ze gingen een onbekend pad op, waar anderen faalden.
Percorsero in slitta settanta miglia lungo il fiume Yukon ghiacciato.
Ze sleeën honderd kilometer over de bevroren Yukon rivier.
Girarono a sinistra e seguirono il sentiero verso lo Stewart.
Ze sloegen linksaf en volgden het pad naar de Stewart.
Superarono il Mayo e il McQuestion e proseguirono oltre.
Ze passeerden de Mayo en McQuestion en liepen steeds verder.
Lo Stewart si restringeva fino a diventare un ruscello, infilandosi tra cime frastagliate.
De Stewart kromp tot een stroom met grillige pieken.
Queste vette aguzze rappresentavano la spina dorsale del continente.

Deze scherpe pieken vormden de ruggengraat van het continent.

John Thornton pretendeva poco dagli uomini e dalla terra selvaggia.

John Thornton stelde weinig eisen aan de mensen of aan de wildernis.

Non temeva nulla della natura e affrontava la natura selvaggia con disinvoltura.

Hij was nergens bang voor in de natuur en trotseerde de wildernis met gemak.

Con solo del sale e un fucile poteva viaggiare dove voleva.

Met alleen zout en een geweer kon hij reizen waarheen hij wilde.

Come gli indigeni, durante il viaggio cacciava per procurarsi il cibo.

Net als de inheemse bevolking ging hij op jacht naar voedsel tijdens zijn reizen.

Se non prendeva nulla, continuava ad andare avanti, confidando nella fortuna che lo attendeva.

Als hij niets ving, ging hij gewoon door, vertrouwend op het geluk dat hem te wachten stond.

Durante questo lungo viaggio, la carne era l'alimento principale di cui si nutrivano.

Tijdens deze lange reis was vlees het belangrijkste voedsel.

La slitta trasportava attrezzi e munizioni, ma non c'era un orario preciso.

De slee bevatte gereedschap en munitie, maar er was geen sprake van een vast tijdschema.

Buck amava questo vagabondare, la caccia e la pesca senza fine.

Buck hield van dit omzwervingen; van het eindeloze jagen en vissen.

Per settimane viaggiarono senza sosta, giorno dopo giorno.

Wekenlang waren ze dag in dag uit op reis.

Altre volte si accampavano e restavano fermi per settimane.

Soms zetten ze kampen op en bleven dan wekenlang stil.

I cani riposarono mentre gli uomini scavavano nel terreno ghiacciato.
De honden rustten uit terwijl de mannen door de bevroren grond groeven.
Scaldavano le padelle sul fuoco e cercavano l'oro nascosto.
Ze verwarmden pannen op vuren en zochten naar verborgen goud.
C'erano giorni in cui pativano la fame, altri in cui banchettavano.
Soms leden ze honger, en andere dagen vierden ze feest.
Il loro pasto dipendeva dalla selvaggina e dalla fortuna della caccia.
Hun maaltijden waren afhankelijk van het wild en het geluk bij de jacht.
Con l'arrivo dell'estate, uomini e cani caricavano carichi sulle spalle.
Toen de zomer aanbrak, namen mannen en honden allerlei lasten op hun rug.
Fecero rafting sui laghi azzurri nascosti nelle foreste di montagna.
Ze raften over blauwe meren die verborgen lagen in de bergbossen.
Navigavano su imbarcazioni sottili su fiumi che nessun uomo aveva mai mappato.
Ze voeren in smalle bootjes over rivieren die nog nooit door iemand in kaart waren gebracht.
Quelle barche venivano costruite con gli alberi che avevano segato in natura.
Die boten waren gemaakt van bomen die ze in het wild hadden omgezaagd.

Passarono i mesi e loro viaggiarono attraverso terre selvagge e sconosciute.
De maanden verstreken en ze kronkelden door de wilde, onbekende streken.
Non c'erano uomini lì, ma vecchie tracce lasciavano intendere che alcuni di loro fossero presenti.

Er waren geen mannen aanwezig, maar oude sporen wezen erop dat er wel mannen waren geweest.
Se la Capanna Perduta fosse esistita davvero, allora altre persone in passato erano passate da lì.
Als de Lost Cabin echt is, dan zijn er ook anderen langs gekomen.
Attraversavano passi alti durante le bufere di neve, anche d'estate.
Ze staken tijdens sneeuwstormen hoge bergpassen over, zelfs in de zomer.
Rabbrividivano sotto il sole di mezzanotte sui pendii brulli delle montagne.
Ze rilden onder de middernachtzon op de kale berghellingen.
Tra il limite degli alberi e i campi di neve, salivano lentamente.
Tussen de boomgrens en de sneeuwvelden klommen ze langzaam.
Nelle valli calde, scacciavano nuvole di moscerini e mosche.
In warme valleien sloegen ze op wolken muggen en vliegen af.
Raccolsero bacche dolci vicino ai ghiacciai nel pieno della fioritura estiva.
Ze plukten zoete bessen vlak bij gletsjers die in de zomer volop in bloei stonden.
I fiori che trovarono erano belli quanto quelli del Southland.
De bloemen die ze vonden waren net zo mooi als die in het Zuiden.
Quell'autunno giunsero in una regione solitaria piena di laghi silenziosi.
Die herfst bereikten ze een eenzaam gebied vol stille meren.
La terra era triste e vuota, un tempo brulicava di uccelli e animali.
Het land was triest en leeg. Ooit was het een plek vol vogels en dieren.
Ora non c'era più vita, solo il vento e il ghiaccio che si formava nelle pozze.

Er was geen leven meer, alleen de wind en het ijs dat zich vormde in de plassen.
Le onde lambivano le rive deserte con un suono dolce e lugubre.
Golven klotsten tegen de lege kusten met een zacht, treurig geluid.

Arrivò un altro inverno e loro seguirono di nuovo deboli e vecchi sentieri.
Er brak een nieuwe winter aan en ze volgden weer vage, oude paden.
Erano le tracce di uomini che avevano cercato molto prima di loro.
Dit waren de sporen van mannen die al lang vóór hen op zoek waren.
Una volta trovarono un sentiero che si inoltrava nel profondo della foresta oscura.
Op een dag vonden ze een pad diep in het donkere bos.
Era un vecchio sentiero e sentivano che la baita perduta era vicina.
Het was een oud pad en ze hadden het gevoel dat de verloren hut dichtbij was.
Ma il sentiero non portava da nessuna parte e si perdeva nel fitto del bosco.
Maar het pad leidde nergens heen en verdween in het dichte bos.
Nessuno sapeva chi avesse tracciato il sentiero e perché lo avesse fatto.
Wie het pad ook had aangelegd en waarom, niemand wist het.
Più tardi trovarono i resti di una capanna nascosta tra gli alberi.
Later vonden ze het wrak van een hut, verscholen tussen de bomen.
Coperte marce erano sparse dove un tempo qualcuno aveva dormito.
Rottende dekens lagen verspreid op de plek waar ooit iemand had geslapen.

John Thornton trovò sepolto all'interno un fucile a pietra focaia a canna lunga.
John Thornton vond er een vuursteengeweer met een lange loop in begraven.
Sapeva fin dai primi tempi che si trattava di un cannone della Hudson Bay.
Hij wist al vanaf het begin dat dit een Hudson Bay-geweer was.
A quei tempi, tali armi venivano barattate con pile di pelli di castoro.
In die tijd werden zulke geweren geruild voor stapels bevervellen.
Questo era tutto: non rimaneva alcuna traccia dell'uomo che aveva costruito la loggia.
Dat was alles. Er was geen spoor meer over van de man die de lodge had gebouwd.

Arrivò di nuovo la primavera e non trovarono traccia della Capanna Perduta.
De lente brak weer aan en er was geen spoor te bekennen van de Verloren Hut.
Invece trovarono un'ampia valle con un ruscello poco profondo.
In plaats daarvan vonden ze een brede vallei met een ondiepe beek.
L'oro si stendeva sul fondo della pentola come burro giallo e liscio.
Het goud lag op de bodem van de pannen, als gladde, gele boter.
Si fermarono lì e non cercarono oltre la cabina.
Ze bleven daar staan en zochten niet verder naar de hut.
Ogni giorno lavoravano e ne trovavano migliaia di pezzi in polvere d'oro.
Elke dag werkten ze en vonden duizenden exemplaren in goudstof.
Confezionarono l'oro in sacchi di pelle di alce, da cinquanta libbre ciascuno.

Ze verpakten het goud in zakken van elandenhuid, elk 50 kilo zwaar.
I sacchi erano accatastati come legna da ardere fuori dal loro piccolo rifugio.
De zakken stonden als brandhout opgestapeld buiten hun kleine hut.
Lavoravano come giganti e i giorni trascorrevano veloci come sogni.
Ze werkten als reuzen en de dagen vlogen voorbij als dromen die snel voorbijgingen.
Accumularono tesori mentre gli infiniti giorni trascorrevano rapidamente.
Ze verzamelden schatten terwijl de eindeloze dagen snel voorbijgingen.
I cani avevano ben poco da fare, se non trasportare la carne di tanto in tanto.
De honden hadden weinig anders te doen dan af en toe vlees te slepen.
Thornton cacciò e uccise la selvaggina, mentre Buck si sdraiò accanto al fuoco.
Thornton jaagde en doodde het wild, terwijl Buck bij het vuur lag.
Trascorse lunghe ore in silenzio, perso nei pensieri e nei ricordi.
Hij bracht lange uren in stilte door, verloren in gedachten en herinneringen.
L'immagine dell'uomo peloso tornava sempre più spesso alla mente di Buck.
Het beeld van de harige man kwam steeds vaker in gedachten bij Buck.
Ora che il lavoro scarseggiava, Buck sognava mentre sbatteva le palpebre verso il fuoco.
Nu het werk schaars was, droomde Buck terwijl hij met zijn ogen knipperend naar het vuur keek.
In quei sogni, Buck vagava con l'uomo in un altro mondo.
In die dromen zwierf Buck met de man rond in een andere wereld.

La paura sembrava il sentimento più forte in quel mondo lontano.
Angst leek het sterkste gevoel in die verre wereld.
Buck vide l'uomo peloso dormire con la testa bassa.
Buck zag de harige man slapen met zijn hoofd gebogen.
Aveva le mani giunte e il suo sonno era agitato e interrotto.
Hij had zijn handen gevouwen en sliep onrustig en onderbroken.
Si svegliava di soprassalto e fissava il buio con timore.
Hij schrok vaak wakker en staarde angstig in de duisternis.
Poi aggiungeva altra legna al fuoco per mantenere viva la fiamma.
Dan gooide hij meer hout op het vuur om de vlam brandend te houden.
A volte camminavano lungo una spiaggia in riva a un mare grigio e infinito.
Soms liepen ze langs een strand met een eindeloze, grijze zee.
L'uomo peloso raccolse i frutti di mare e li mangiò mentre camminava.
De harige man verzamelde schelpdieren en at ze terwijl hij liep.
I suoi occhi cercavano sempre pericoli nascosti nell'ombra.
Zijn ogen zochten voortdurend naar verborgen gevaren in de schaduwen.
Le sue gambe erano sempre pronte a scattare al primo segno di minaccia.
Zijn benen stonden altijd klaar om te sprinten zodra er sprake was van dreiging.
Avanzavano furtivamente nella foresta, silenziosi e cauti, uno accanto all'altro.
Ze slopen zij aan zij, stil en op hun hoede, door het bos.
Buck lo seguì alle calcagna, ed entrambi rimasero all'erta.
Buck volgde hem op de hielen en ze bleven allebei alert.
Le loro orecchie si muovevano e si contraevano, i loro nasi fiutavano l'aria.
Hun oren trilden en bewogen, hun neuzen snuffelden in de lucht.

L'uomo riusciva a sentire e ad annusare la foresta in modo altrettanto acuto quanto Buck.
De man kon het bos net zo scherp horen en ruiken als Buck.
L'uomo peloso si lanciò tra gli alberi a velocità improvvisa.
De harige man zwaaide met plotselinge snelheid door de bomen.
Saltava da un ramo all'altro senza mai perdere la presa.
Hij sprong van tak naar tak, zonder zijn grip te verliezen.
Si muoveva con la stessa rapidità con cui si muoveva sopra e sopra il terreno.
Hij bewoog zich net zo snel boven de grond als erop.
Buck ricordava le lunghe notti passate sotto gli alberi a fare la guardia.
Buck herinnert zich de lange nachten dat hij onder de bomen de wacht hield.
L'uomo dormiva appollaiato sui rami, aggrappandosi forte.
De man sliep terwijl hij zich stevig vastklampte aan de takken.
Questa visione dell'uomo peloso era strettamente legata al richiamo profondo.
Dit beeld van de harige man was nauw verbonden met de diepe roep.
Il richiamo risuonava ancora nella foresta con una forza inquietante.
De roep klonk nog steeds met een spookachtige kracht door het bos.
La chiamata riempì Buck di desiderio e di un inquieto senso di gioia.
De oproep vervulde Buck met verlangen en een rusteloos gevoel van vreugde.
Sentì strani impulsi e stimoli a cui non riusciva a dare un nome.
Hij voelde vreemde verlangens en bewegingen die hij niet kon benoemen.
A volte seguiva la chiamata inoltrandosi nel silenzio dei boschi.
Soms volgde hij de roep tot diep in het stille bos.

Cercava il richiamo, abbaiando piano o bruscamente mentre camminava.
Hij zocht naar de roep en blafte zachtjes of hard terwijl hij verder ging.
Annusò il muschio e il terreno nero dove cresceva l'erba.
Hij besnuffelde het mos en de zwarte aarde waar het gras groeide.
Sbuffò di piacere sentendo i ricchi odori della terra profonda.
Hij snoof van genot bij het ruiken van de rijke geuren uit de diepe aarde.
Rimase accovacciato per ore dietro i tronchi ricoperti di funghi.
Hij hurkte urenlang achter met schimmel bedekte stammen.
Rimase immobile, ascoltando con gli occhi sgranati ogni minimo rumore.
Hij bleef stil zitten en luisterde met grote ogen naar elk klein geluidje.
Forse sperava di sorprendere la cosa che aveva emesso la chiamata.
Misschien hoopte hij hiermee het wezen dat de oproep deed te verrassen.
Non sapeva perché si comportava in quel modo: lo faceva e basta.
Hij wist niet waarom hij zo handelde. Hij deed het gewoon.
Questi impulsi provenivano dal profondo, al di là del pensiero o della ragione.
De aandrang kwam van diep van binnen, voorbij het denken en de rede.
Buck fu colto da impulsi irresistibili, senza preavviso o motivo.
Zonder waarschuwing of reden werd Buck overvallen door onweerstaanbare verlangens.
A volte sonnecchiava pigramente nell'accampamento, sotto il caldo di mezzogiorno.
Soms lag hij lui te doezelen in het kamp, in de middaghitte.

All'improvviso sollevò la testa e le sue orecchie si drizzarono in allerta.
Opeens hief hij zijn hoofd op en richtte zijn oren zich op de waarschuwingssignalen.
Poi balzò in piedi e si lanciò nella natura selvaggia senza fermarsi.
Toen sprong hij overeind en rende zonder aarzelen de wildernis in.
Corse per ore attraverso sentieri forestali e spazi aperti.
Hij rende urenlang door bospaden en open ruimtes.
Amava seguire i letti asciutti dei torrenti e spiare gli uccelli sugli alberi.
Hij hield ervan om droge kreekbeddingen te observeren en vogels in de bomen te bespieden.
Poteva restare nascosto tutto il giorno, osservando le pernici che si pavoneggiavano in giro.
Hij zou de hele dag verborgen kunnen blijven en naar de rondparaderende patrijzen kunnen kijken.
Suonavano i tamburi e marciavano, ignari della presenza immobile di Buck.
Ze trommelden en marcheerden, zich niet bewust van de stille aanwezigheid van Buck.
Ma ciò che amava di più era correre al crepuscolo estivo.
Maar het allerleukste vond hij hardlopen in de schemering van de zomer.
La luce fioca e i suoni assonnati della foresta lo riempivano di gioia.
Het schemerige licht en de slaperige geluiden van het bos vervulden hem met vreugde.
Leggeva i cartelli della foresta con la stessa chiarezza con cui un uomo legge un libro.
Hij las de aanwijzingen in het bos zo duidelijk als een man een boek leest.
E cercava sempre la strana cosa che lo chiamava.
En hij bleef zoeken naar het vreemde ding dat hem riep.
Quella chiamata non si è mai fermata: lo raggiungeva sia da sveglio che nel sonno.

Die roeping hield nooit op; hij bleef hem roepen, of hij nu wakker was of sliep.

Una notte si svegliò di soprassalto, con gli occhi acuti e le orecchie tese.
Op een nacht werd hij met een schok wakker, met scherpe ogen en gespitste oren.
Le sue narici si contrassero mentre la sua criniera si rizzava in onde.
Zijn neusgaten trilden en zijn manen stonden in golven overeind.
Dal profondo della foresta giunse di nuovo quel suono, il vecchio richiamo.
Diep uit het bos klonk weer het geluid, de oude roep.
Questa volta il suono risuonò chiaro, un ululato lungo, inquietante e familiare.
Deze keer klonk het geluid duidelijk, een lang, spookachtig en bekend gehuil.
Era come il verso di un husky, ma dal tono strano e selvaggio.
Het klonk als de roep van een husky, maar dan vreemd en wild van toon.
Buck riconobbe subito quel suono: lo aveva già sentito molto tempo prima.
Buck herkende het geluid meteen: hij had het geluid al lang geleden gehoord.
Attraversò con un balzo l'accampamento e scomparve rapidamente nel bosco.
Hij sprong door het kamp en verdween snel in het bos.
Avvicinandosi al suono, rallentò e si mosse con cautela.
Toen hij dichterbij het geluid kwam, vertraagde hij zijn pas en bewoog hij zich voorzichtig voort.
Presto raggiunse una radura tra fitti pini.
Al snel bereikte hij een open plek tussen de dichte pijnbomen.
Lì, ritto sulle zampe posteriori, sedeva un lupo grigio alto e magro.
Daar, rechtop zittend, zat een grote, magere wolf.

Il naso del lupo puntava verso il cielo, continuando a rieccheggiare il richiamo.
De neus van de wolf wees naar de hemel en bleef de roep echoën.
Buck non aveva emesso alcun suono, eppure il lupo si fermò e ascoltò.
Buck maakte geen enkel geluid, maar de wolf bleef staan en luisterde.
Percependo qualcosa, il lupo si irrigidì e scrutò l'oscurità.
Toen de wolf iets voelde, spande hij zich in en begon de duisternis af te zoeken.
Buck si fece avanti furtivamente, con il corpo basso e i piedi ben appoggiati al terreno.
Buck kwam in beeld, zijn lichaam gebogen, zijn voeten stil op de grond.
La sua coda era dritta e il suo corpo era teso e teso.
Zijn staart was recht en zijn lichaam was strak gespannen.
Manifestava sia un atteggiamento minaccioso che una sorta di rude amicizia.
Hij toonde zowel dreiging als een soort ruwe vriendschap.
Era il saluto cauto tipico delle bestie selvatiche.
Het was de voorzichtige begroeting van wilde dieren.
Ma il lupo si voltò e fuggì non appena vide Buck.
Maar de wolf draaide zich om en vluchtte zodra hij Buck zag.
Buck si lanciò all'inseguimento, saltando selvaggiamente, desideroso di raggiungerlo.
Buck zette de achtervolging in en sprong wild, in de hoop hem in te halen.
Seguì il lupo in un ruscello secco bloccato da un ingorgo di tronchi.
Hij volgde de wolf een droge kreek in, die geblokkeerd werd door een stuk hout.
Messo alle strette, il lupo si voltò e rimase fermo.
In het nauw gedreven draaide de wolf zich om en bleef staan.
Il lupo ringhiò e schioccò i denti come un husky intrappolato in una rissa.

De wolf gromde en beet als een gevangen husky in een gevecht.
I denti del lupo schioccarono rapidamente e il suo corpo si irrigidì per la furia selvaggia.
De tanden van de wolf klikten snel en zijn lichaam straalde van woede.
Buck non attaccò, ma girò intorno al lupo con attenta cordialità.
Buck viel niet aan, maar liep met voorzichtige en vriendelijke handjes om de wolf heen.
Cercò di bloccargli la fuga con movimenti lenti e innocui.
Hij probeerde zijn ontsnapping te blokkeren met langzame, ongevaarlijke bewegingen.
Il lupo era cauto e spaventato: Buck lo superava di peso tre volte.
De wolf was op zijn hoede en bang. Buck was drie keer zo zwaar als hij.
La testa del lupo arrivava a malapena all'altezza della spalla massiccia di Buck.
De kop van de wolf reikte nauwelijks tot aan Bucks enorme schouder.
Il lupo, attento a individuare un varco, si lanciò e l'inseguimento ricominciò.
De wolf zocht naar een opening, ging ervandoor en de achtervolging begon opnieuw.
Buck lo mise alle strette più volte e la danza si ripeté.
Buck dreef hem meerdere malen in het nauw, en de dans herhaalde zich.
Il lupo era magro e debole, altrimenti Buck non avrebbe potuto catturarlo.
De wolf was mager en zwak, anders had Buck hem niet kunnen vangen.
Ogni volta che Buck si avvicinava, il lupo si girava di scatto e lo affrontava spaventato.
Elke keer dat Buck dichterbij kwam, draaide de wolf zich om en keek hem angstig aan.
Poi, alla prima occasione, si precipitò di nuovo nel bosco.

Toen hij de eerste de beste kans kreeg, rende hij opnieuw het bos in.
Ma Buck non si arrese e alla fine il lupo imparò a fidarsi di lui.
Maar Buck gaf niet op en uiteindelijk kreeg de wolf vertrouwen in hem.
Annusò il naso di Buck e i due diventarono giocosi e attenti.
Hij snoof aan Bucks neus en de twee werden speels en alert.
Giocavano come animali selvaggi, feroci ma timidi nella loro gioia.
Ze speelden als wilde dieren, woest maar toch verlegen van vreugde.
Dopo un po' il lupo trotterellò via con calma e decisione.
Na een tijdje draafde de wolf kalm en vastberaden weg.
Dimostrò chiaramente a Buck che intendeva essere seguito.
Hij maakte Buck duidelijk dat hij gevolgd wilde worden.
Correvano fianco a fianco nel buio della sera.
Ze renden zij aan zij door de duisternis van de schemering.
Seguirono il letto del torrente fino alla gola rocciosa.
Ze volgden de kreekbedding tot in de rotsachtige kloof.
Attraversarono un freddo spartiacque nel punto in cui aveva avuto origine il fiume.
Ze staken een koude waterscheiding over waar de beek begon.
Sul pendio più lontano trovarono un'ampia foresta e molti corsi d'acqua.
Op de verre helling vonden ze uitgestrekte bossen en veel beken.
Corsero per ore senza fermarsi attraverso quella terra immensa.
Ze renden urenlang door dit uitgestrekte land, zonder te stoppen.
Il sole saliva sempre più alto, l'aria si faceva calda, ma loro continuavano a correre.
De zon kwam hoger op, de lucht werd warmer, maar ze renden verder.
Buck era pieno di gioia: sapeva di aver risposto alla sua chiamata.

Buck was vervuld van vreugde: hij wist dat hij zijn roeping volgde.
Corse accanto al fratello della foresta, più vicino alla fonte della chiamata.
Hij rende naast zijn bosbroeder, dichter bij de bron van de oproep.
I vecchi sentimenti ritornano, potenti e difficili da ignorare.
Oude gevoelens kwamen terug, krachtig en moeilijk te negeren.
Queste erano le verità nascoste nei ricordi dei suoi sogni.
Dit waren de waarheden achter de herinneringen uit zijn dromen.
Tutto questo lo aveva già fatto in un mondo lontano e oscuro.
Hij had dit allemaal al eerder gedaan in een verre, duistere wereld.
Questa volta lo fece di nuovo, scatenandosi con il cielo aperto sopra di lui.
Nu deed hij dit nog een keer, hij rende wild rond in de open lucht.
Si fermarono presso un ruscello per bere l'acqua fredda che scorreva.
Ze hielden halt bij een beek om van het koude, stromende water te drinken.
Mentre beveva, Buck si ricordò improvvisamente di John Thornton.
Terwijl hij dronk, herinnerde Buck zich plotseling John Thornton.
Si sedette in silenzio, lacerato dal sentimento di lealtà e dalla chiamata.
Hij ging in stilte zitten, verscheurd door de aantrekkingskracht van loyaliteit en de roeping.
Il lupo continuò a trottare, ma tornò indietro per incitare Buck ad andare avanti.
De wolf draafde verder, maar kwam later terug om Buck aan te sporen verder te gaan.
Gli annusò il naso e cercò di convincerlo con gesti gentili.

Hij snoof aan zijn neus en probeerde hem met zachte gebaren te verleiden.

Ma Buck si voltò e riprese a tornare indietro per la strada da cui era venuto.

Maar Buck draaide zich om en liep dezelfde weg terug.

Il lupo gli corse accanto per molto tempo, guaindo piano.

De wolf rende een hele tijd naast hem en jankte zachtjes.

Poi si sedette, alzò il naso ed emise un lungo ululato.

Toen ging hij zitten, hief zijn neus op en liet een langgerekte huil horen.

Era un grido lugubre, che si addolcì mentre Buck si allontanava.

Het was een treurige kreet, die zachter werd toen Buck wegliep.

Buck ascoltò mentre il suono del grido svaniva lentamente nel silenzio della foresta.

Buck luisterde terwijl het geluid van de kreet langzaam overging in de stilte van het bos.

John Thornton stava cenando quando Buck irruppe nell'accampamento.

John Thornton was aan het eten toen Buck het kamp binnenstormde.

Buck gli saltò addosso selvaggiamente, leccandolo, mordendolo e facendolo rotolare.

Buck sprong wild op hem, likte, beet en gooide hem omver.

Lo fece cadere, gli saltò sopra e gli baciò il viso.

Hij gooide hem omver, klom erop en kuste zijn gezicht.

Thornton lo definì con affetto "fare il buffone".

Thornton noemde dit met liefde 'de generaal de dwaas uithangen'.

Nel frattempo, imprecava dolcemente contro Buck e lo scuoteva avanti e indietro.

Ondertussen vervloekte hij Buck zachtjes en schudde hem heen en weer.

Per due interi giorni e due notti, Buck non lasciò l'accampamento nemmeno una volta.

Twee hele dagen en nachten verliet Buck het kamp niet.

Si teneva vicino a Thornton e non lo perdeva mai di vista.
Hij bleef dicht bij Thornton en verloor hem geen moment uit het oog.
Lo seguiva mentre lavorava e lo osservava mentre mangiava.
Hij volgde hem terwijl hij werkte en keek hem na terwijl hij at.
Di notte vedeva Thornton avvolto nelle sue coperte e ogni mattina lo vedeva uscire.
Hij zag Thornton 's nachts onder zijn dekens en elke ochtend er weer uit.
Ma presto il richiamo della foresta ritornò, più forte che mai.
Maar al snel kwam de roep van het bos terug, luider dan ooit tevoren.
Buck si sentì di nuovo irrequieto, agitato dal pensiero del lupo selvatico.
Buck werd weer onrustig, hij dacht alleen maar aan de wilde wolf.
Ricordava la terra aperta e le corse fianco a fianco.
Hij herinnerde zich het open land en het naast elkaar leven.
Ricominciò a vagare nella foresta, solo e vigile.
Hij begon opnieuw door het bos te dwalen, alleen en alert.
Ma il fratello selvaggio non tornò e l'ululato non fu udito.
Maar de wilde broer kwam niet terug, en het gehuil werd niet gehoord.
Buck cominciò a dormire all'aperto, restando lontano anche per giorni interi.
Buck begon buiten te slapen en bleef soms dagenlang weg.
Una volta attraversò l'alto spartiacque dove aveva origine il torrente.
Toen hij de hoge waterscheiding overstak waar de kreek begon.
Entrò nella terra degli alberi scuri e dei grandi corsi d'acqua.
Hij betrad het land van het donkere bos en de brede stromende beken.
Vagò per una settimana alla ricerca di tracce del fratello selvaggio.
Een week lang zwierf hij rond, op zoek naar sporen van zijn wilde broer.

Uccideva la propria carne e viaggiava a passi lunghi e instancabili.
Hij slachtte zijn eigen vlees en reisde met lange, onvermoeibare stappen.
Pescò salmoni in un ampio fiume che arrivava fino al mare.
Hij viste op zalm in een brede rivier die tot aan de zee reikte.
Lì lottò e uccise un orso nero reso pazzo dagli insetti.
Daar vocht hij tegen een zwarte beer die gek was geworden van insecten, en doodde hem.
L'orso stava pescando e corse alla cieca tra gli alberi.
De beer was aan het vissen en rende blind door de bomen.
La battaglia fu feroce e risvegliò il profondo spirito combattivo di Buck.
Het was een heftige strijd, die Bucks vechtlust aanwakkerde.
Due giorni dopo, Buck tornò e trovò dei ghiottoni nei pressi della sua preda.
Twee dagen later keerde Buck terug en trof veelvraten aan bij zijn prooi.
Una dozzina di loro litigarono furiosamente e rumorosamente per la carne.
Een tiental van hen begonnen luidruchtig en woedend ruzie te maken over het vlees.
Buck caricò e li disperse come foglie al vento.
Buck stormde erop af en verspreidde ze als bladeren in de wind.
Due lupi rimasero indietro: silenziosi, senza vita e immobili per sempre.
Twee wolven bleven achter – stil, levenloos en onbeweeglijk voor altijd.
La sete di sangue divenne più forte che mai.
De bloeddorst werd groter dan ooit.
Buck era un cacciatore, un assassino, che si nutriva di creature viventi.
Buck was een jager, een moordenaar die zich voedde met levende wezens.
Sopravvisse da solo, affidandosi alla sua forza e ai suoi sensi acuti.

Hij overleefde alleen, vertrouwend op zijn kracht en scherpe zintuigen.

Prosperava nella natura selvaggia, dove solo i più forti potevano sopravvivere.

Hij gedijde in de wildernis, waar alleen de sterkste dieren konden leven.

Da ciò nacque un grande orgoglio che riempì tutto l'essere di Buck.

Hieruit ontstond een grote trots die Bucks hele wezen vulde.

Il suo orgoglio traspariva da ogni passo, dal fremito di ogni muscolo.

Zijn trots was zichtbaar in iedere stap die hij zette, in de bewegingen van iedere spier.

Il suo orgoglio era evidente, come si vedeva dal suo comportamento.

Zijn trots was duidelijk te merken aan de manier waarop hij zich gedroeg.

Persino il suo spesso mantello appariva più maestoso e splendeva di più.

Zelfs zijn dikke vacht zag er majestueuzer uit en glansde helderder.

Buck avrebbe potuto essere scambiato per un lupo grigio gigante.

Buck zou aangezien kunnen worden voor een gigantische wolf.

A parte il marrone sul muso e le macchie sopra gli occhi.

Behalve bruin op zijn snuit en vlekken boven zijn ogen.

E la striscia bianca di pelo che gli correva lungo il centro del petto.

En de witte streep vacht die over het midden van zijn borst liep.

Era addirittura più grande del più grande lupo di quella feroce razza.

Hij was zelfs groter dan de grootste wolf van dat woeste ras.

Suo padre, un San Bernardo, gli ha trasmesso la stazza e la corporatura robusta.

Zijn vader, een Sint-Bernard, gaf hem zijn formaat en zware postuur.

Sua madre, una pastorella, plasmò quella mole conferendole la forma di un lupo.

Zijn moeder, een herderin, vormde dat lichaam tot een wolfachtige vorm.

Aveva il muso lungo di un lupo, anche se più pesante e largo.

Hij had de lange snuit van een wolf, maar was ook zwaarder en breder.

La sua testa era quella di un lupo, ma di dimensioni enormi e maestose.

Zijn kop was die van een wolf, maar dan enorm en majestueus.

L'astuzia di Buck era l'astuzia del lupo e della natura selvaggia.

Bucks sluwheid was vergelijkbaar met de sluwheid van de wolf en de wildernis.

La sua intelligenza gli venne sia dal Pastore Tedesco che dal San Bernardo.

Zijn intelligentie kwam van zowel de Duitse herder als de Sint-Bernard.

Tutto ciò, unito alla dura esperienza, lo rese una creatura temibile.

Dit alles, plus zijn zware ervaringen, maakten hem tot een angstaanjagend wezen.

Era formidabile quanto qualsiasi animale che vagasse nelle terre selvagge del nord.

Hij was even geducht als elk ander dier dat in de noordelijke wildernis rondzwierf.

Nutrendosi solo di carne, Buck raggiunse l'apice della sua forza.

Buck bereikte het toppunt van zijn kracht door alleen van vlees te leven.

Trasudava potenza e forza maschile in ogni fibra del suo corpo.

Hij straalde kracht en mannelijke energie uit in elke vezel van hem.
Quando Thornton gli accarezzò la schiena, i peli brillarono di energia.
Toen Thornton over zijn rug streek, begonnen zijn haren te stralen van energie.
Ogni capello scricchiolava, carico del tocco di un magnetismo vivente.
Elk haartje knetterde, geladen met een vleugje levend magnetisme.
Il suo corpo e il suo cervello erano sintonizzati sulla tonalità più fine possibile.
Zijn lichaam en hersenen stonden op de hoogst mogelijke toonhoogte.
Ogni nervo, ogni fibra e ogni muscolo lavoravano in perfetta armonia.
Elke zenuw, vezel en spier werkte in perfecte harmonie samen.
A qualsiasi suono o visione che richiedesse un intervento, rispondeva immediatamente.
Op elk geluid of beeld dat om actie vroeg, reageerde hij onmiddellijk.
Se un husky saltava per attaccare, Buck poteva saltare due volte più velocemente.
Als een husky zou aanvallen, kon Buck twee keer zo snel springen.
Reagì più rapidamente di quanto gli altri potessero vedere o sentire.
Hij reageerde sneller dan anderen konden zien of horen.
Percezione, decisione e azione avvennero tutte in un unico, fluido istante.
Perceptie, beslissing en actie kwamen allemaal op één vloeiend moment tot stand.
In realtà si tratta di atti separati, ma troppo rapidi per essere notati.
Eigenlijk vonden deze handelingen los van elkaar plaats, maar ze vonden te snel plaats om op te merken.

Gli intervalli tra questi atti erano così brevi che sembravano uno solo.
De periodes tussen de acts waren zo kort dat het leek alsof ze één waren.
I suoi muscoli e il suo essere erano come molle strettamente avvolte.
Zijn spieren en lichaam leken op strak opgerolde veren.
Il suo corpo traboccava di vita, selvaggia e gioiosa nella sua potenza.
Zijn lichaam bruiste van leven, wild en vreugdevol in zijn kracht.
A volte aveva la sensazione che la forza stesse per esplodere completamente dentro di lui.
Soms had hij het gevoel dat de kracht volledig uit hem zou barsten.
"Non c'è mai stato un cane simile", disse Thornton un giorno tranquillo.
"Er is nog nooit zo'n hond geweest", zei Thornton op een rustige dag.
I soci osservarono Buck uscire fiero dall'accampamento.
De partners keken toe hoe Buck trots het kamp verliet.
"Quando è stato creato, ha cambiato il modo in cui un cane può essere", ha detto Pete.
"Toen hij werd gemaakt, veranderde hij wat een hond kan zijn", zei Pete.
"Per Dio! Lo penso anch'io", concordò subito Hans.
"Jeetje! Dat denk ik zelf ook," beaamde Hans snel.
Lo videro allontanarsi, ma non il cambiamento che avvenne dopo.
Ze zagen hem wegmarcheren, maar niet de verandering die daarop volgde.
Non appena entrò nel bosco, Buck si trasformò completamente.
Zodra Buck het bos inkwam, veranderde hij volledig.
Non marciava più, ma si muoveva come uno spettro selvaggio tra gli alberi.

Hij marcheerde niet meer, maar bewoog zich als een wilde geest tussen de bomen.
Divenne silenzioso, come un gatto, un bagliore che attraversava le ombre.
Hij werd stil, liep op spreidvoeten, een flikkering gleed door de schaduwen.
Usava la copertura con abilità, strisciando sulla pancia come un serpente.
Hij maakte handig gebruik van dekking en kroop op zijn buik als een slang.
E come un serpente, sapeva balzare in avanti e colpire in silenzio.
En net als een slang kon hij naar voren springen en geluidloos toeslaan.
Potrebbe rubare una pernice bianca direttamente dal suo nido nascosto.
Hij kon een sneeuwhoen zo uit zijn verborgen nest stelen.
Uccideva i conigli addormentati senza emettere alcun suono.
Hij doodde slapende konijnen zonder ook maar één geluid te maken.
Riusciva a catturare gli scoiattoli a mezz'aria anche se fuggivano troppo lentamente.
Hij kon chipmunks in de lucht vangen als ze te langzaam vluchtten.
Nemmeno i pesci nelle pozze riuscivano a sfuggire ai suoi attacchi improvvisi.
Zelfs vissen in vijvers konden niet ontsnappen aan zijn plotselinge aanvallen.
Nemmeno i furbi castori impegnati a riparare le dighe erano al sicuro da lui.
Zelfs de slimme bevers die dammen bouwden, waren niet veilig voor hem.
Uccideva per nutrirsi, non per divertirsi, ma preferiva uccidere le proprie vittime.
Hij doodde voor het eten, niet voor de lol, maar hij vond zijn eigen doden het leukst.

Eppure, un umorismo subdolo permeava alcune delle sue cacce silenziose.
Toch zat er een vleugje sluwe humor in sommige van zijn stille jachten.

Si avvicinò furtivamente agli scoiattoli, solo per lasciarli scappare.
Hij sloop dicht bij de eekhoorns, maar liet ze vervolgens ontsnappen.

Stavano per fuggire tra gli alberi, chiacchierando con rabbia e paura.
Ze wilden vluchten naar de bomen, terwijl ze angstig en verontwaardigd kletsten.

Con l'arrivo dell'autunno, le alci cominciarono ad apparire in numero maggiore.
Toen de herfst kwam, verschenen er steeds meer elanden.

Si spostarono lentamente verso le basse valli per affrontare l'inverno.
Ze trokken langzaam de lage valleien in om de winter te trotseren.

Buck aveva già abbattuto un giovane vitello randagio.
Buck had al een jong, verdwaald kalf neergehaald.

Ma lui desiderava ardentemente affrontare prede più grandi e pericolose.
Maar hij verlangde ernaar om grotere, gevaarlijkere prooien te trotseren.

Un giorno, sul crinale, alla sorgente del torrente, trovò la sua occasione.
Op een dag, aan de bron van de kreek, zag hij zijn kans.

Una mandria di venti alci era giunta da terre boscose.
Een kudde van twintig elanden was vanuit bosgebied de grens overgestoken.

Tra loro c'era un possente toro, il capo del gruppo.
Onder hen was een grote stier; de leider van de groep.

Il toro era alto più di due metri e mezzo e appariva feroce e selvaggio.
De stier was ruim 1,80 meter hoog en zag er woest en wild uit.

Lanciò le sue grandi corna, le cui quattordici punte si diramavano verso l'esterno.
Hij gooide zijn brede gewei omhoog, waarvan de veertien punten naar buiten vertakten.
Le punte di quelle corna si estendevano per due metri.
De uiteinden van die geweien waren ruim twee meter breed.
I suoi piccoli occhi ardevano di rabbia quando vide Buck lì vicino.
Zijn kleine ogen brandden van woede toen hij Buck in de buurt zag.
Emise un ruggito furioso, tremando di rabbia e dolore.
Hij slaakte een woedend gebrul en beefde van woede en pijn.
Vicino al suo fianco spuntava la punta di una freccia, appuntita e piumata.
Aan zijn flank stak een puntige pijl uit, gevederd en scherp.
Questa ferita contribuì a spiegare il suo umore selvaggio e amareggiato.
Deze wond hielp zijn grimmige, bittere humeur te verklaren.
Buck, guidato dall'antico istinto di caccia, fece la sua mossa.
Geleid door een oud jachtinstinct, sloeg Buck toe.
Il suo obiettivo era separare il toro dal resto della mandria.
Zijn doel was om de stier van de rest van de kudde af te scheiden.
Non era un compito facile: richiedeva velocità e una grande astuzia.
Dat was geen gemakkelijke opgave. Er was snelheid en enorme sluwheid voor nodig.
Abbaiava e danzava vicino al toro, appena fuori dalla sua portata.
Hij blafte en danste vlakbij de stier, net buiten bereik.
L'alce si lanciò con enormi zoccoli e corna mortali.
De eland sprong naar voren met zijn enorme hoeven en dodelijke geweien.
Un colpo avrebbe potuto porre fine alla vita di Buck in un batter d'occhio.
Eén klap had Buck's leven in een oogwenk kunnen beëindigen.

Incapace di abbandonare la minaccia, il toro si infuriò.
De stier kon de dreiging niet achter zich laten en werd gek.
Lui caricava con furia, ma Buck riusciva sempre a sfuggirgli.
Woedend stormde hij op hem af, maar Buck glipte steeds weg.
Buck finse di essere debole, allontanandosi ulteriormente dalla mandria.
Buck veinsde zwakte en lokte hem verder van de kudde weg.
Ma i giovani tori sarebbero tornati alla carica per proteggere il capo.
Maar jonge stieren zouden terugstormen om de leider te beschermen.
Costrinsero Buck a ritirarsi e il toro a ricongiungersi al gruppo.
Ze dwongen Buck om zich terug te trekken en de stier om zich weer bij de groep aan te sluiten.
C'è una pazienza nella natura selvaggia, profonda e inarrestabile.
Er bestaat geduld in het wild, diep en onstuitbaar.
Un ragno resta immobile nella sua tela per innumerevoli ore.
Een spin zit urenlang roerloos in haar web.
Un serpente si avvolge su se stesso senza contrarsi e aspetta il momento giusto.
Een slang kronkelt zich zonder te trillen en wacht tot het tijd is.
Una pantera è in agguato, finché non arriva il momento.
Een panter ligt op de loer, totdat het moment daar is.
Questa è la pazienza dei predatori che cacciano per sopravvivere.
Dit is het geduld van roofdieren die jagen om te overleven.
La stessa pazienza ardeva dentro Buck mentre gli restava accanto.
Datzelfde geduld brandde ook in Buck terwijl hij dichtbij bleef.
Rimase vicino alla mandria, rallentandone la marcia e incutendo timore.
Hij bleef bij de kudde, vertraagde hun tempo en zaaide angst.
Provocava i giovani tori e molestava le mucche madri.

Hij plaagde de jonge stieren en irriteerde de moederkoeien.
Spinse il toro ferito in una rabbia ancora più profonda e impotente.
Hij dreef de gewonde stier tot een nog diepere, hulpeloze woede.
Per mezza giornata il combattimento si trascinò senza alcuna tregua.
De strijd duurde een halve dag voort, zonder enige rust.
Buck attaccò da ogni angolazione, veloce e feroce come il vento.
Buck viel van alle kanten aan, snel en fel als de wind.
Impedì al toro di riposare o di nascondersi con la mandria.
Hij zorgde ervoor dat de stier niet kon rusten of zich kon verstoppen bij de kudde.
Buck logorò la volontà dell'alce più velocemente del suo corpo.
Buck brak de wil van de eland sneller af dan zijn lichaam.
Il giorno passò e il sole tramontò basso nel cielo a nord-ovest.
De dag verstreek en de zon zakte laag aan de noordwestelijke hemel.
I giovani tori tornarono più lentamente per aiutare il loro capo.
De jonge stieren kwamen langzamer terug om hun leider te helpen.
Erano tornate le notti autunnali e il buio durava ormai sei ore.
De herfstnachten waren teruggekeerd en het duurde nu zes uur lang donker.
L'inverno li spingeva verso valli più sicure e calde.
De winter dwong hen bergafwaarts te trekken, naar veiligere, warmere valleien.
Ma non riuscirono comunque a sfuggire al cacciatore che li tratteneva.
Maar ze konden nog steeds niet ontsnappen aan de jager die hen tegenhield.

Era in gioco solo una vita: non quella del branco, ma quella del loro capo.
Er stond maar één leven op het spel: niet dat van de kudde, maar dat van hun leider.
Ciò rendeva la minaccia lontana e non una loro preoccupazione urgente.
Daardoor leek de dreiging ver weg en was het niet hun dringende zorg.
Col tempo accettarono questo prezzo e lasciarono che Buck prendesse il vecchio toro.
Na verloop van tijd accepteerden ze deze prijs en lieten ze Buck de oude stier meenemen.
Mentre calava il crepuscolo, il vecchio toro rimase in piedi con la testa bassa.
Terwijl de schemering inviel, stond de oude stier met zijn kop gebogen.
Guardò la mandria che aveva guidato svanire nella luce morente.
Hij keek toe hoe de kudde die hij had geleid, in het verdwijnende licht verdween.
C'erano mucche che aveva conosciuto, vitelli che un tempo aveva generato.
Er waren koeien die hij kende, kalveren die hij ooit had verwekt.
C'erano tori più giovani con cui aveva combattuto e che aveva dominato nelle stagioni passate.
Er waren jongere stieren tegen wie hij in voorgaande seizoenen had gevochten en over wie hij had geregeerd.
Non poteva seguirli, perché davanti a lui era di nuovo accovacciato Buck.
Hij kon hen niet volgen, want vóór hem hurkte Buck weer.
Il terrore spietato e zannuto gli bloccava ogni via che potesse percorrere.
De genadeloze angst met zijn slagtanden blokkeerde elk pad dat hij kon bewandelen.
Il toro pesava più di trecento chili di potenza densa.
De stier woog meer dan driehonderd kilo aan zware kracht.

Aveva vissuto a lungo e lottato duramente in un mondo di difficoltà.
Hij had lang geleefd en hard gevochten in een wereld vol strijd.

Eppure, alla fine, la morte gli venne commessa da una bestia molto più bassa di lui.
Maar nu, aan het einde, kwam de dood van een beest ver beneden hem.

La testa di Buck non arrivò nemmeno alle enormi ginocchia noccate del toro.
Bucks hoofd reikte niet eens tot aan de enorme, gebogen knieën van de stier.

Da quel momento in poi, Buck rimase con il toro notte e giorno.
Vanaf dat moment bleef Buck dag en nacht bij de stier.

Non gli dava mai tregua, non gli permetteva mai di brucare o bere.
Hij gaf hem nooit rust, liet hem nooit grazen of drinken.

Il toro cercò di mangiare giovani germogli di betulla e foglie di salice.
De stier probeerde jonge berkenscheuten en wilgenbladeren te eten.

Ma Buck lo scacciò, sempre all'erta e sempre all'attacco.
Maar Buck joeg hem weg, altijd alert en altijd aanvallend.

Anche nei torrenti che scorrevano, Buck bloccava ogni assetato tentativo.
Zelfs bij kabbelende beekjes blokkeerde Buck elke dorstige poging.

A volte, in preda alla disperazione, il toro fuggiva a tutta velocità.
Soms vluchtte de stier uit wanhoop in volle vaart.

Buck lo lasciò correre, avanzando tranquillamente dietro di lui, senza mai allontanarsi troppo.
Buck liet hem rennen en liep rustig vlak achter hem aan, nooit ver weg.

Quando l'alce si fermò, Buck si sdraiò, ma rimase pronto.
Toen de eland stopte, ging Buck liggen, maar bleef wel klaar.

Se il toro provava a mangiare o a bere, Buck colpiva con tutta la sua furia.
Als de stier probeerde te eten of te drinken, sloeg Buck met volle woede toe.
La grande testa del toro si abbassava sotto le enormi corna.
De grote kop van de stier zakte verder door onder de enorme geweien.
Il suo passo rallentò, il trotto divenne pesante, un'andatura barcollante.
Zijn pas werd trager, de draf werd zwaar en de stap werd strompelend.
Spesso restava immobile con le orecchie abbassate e il naso rivolto verso il terreno.
Vaak stond hij stil, met hangende oren en zijn neus op de grond.
In quei momenti Buck si prese del tempo per bere e riposare.
Tijdens die momenten nam Buck de tijd om te drinken en uit te rusten.
Con la lingua fuori e gli occhi fissi, Buck sentì che la terra stava cambiando.
Met zijn tong uitgestoken en zijn ogen strak gericht, voelde Buck dat het landschap veranderde.
Sentì qualcosa di nuovo muoversi nella foresta e nel cielo.
Hij voelde iets nieuws door het bos en de lucht bewegen.
Con il ritorno delle alci tornarono anche altre creature selvatiche.
Toen de elanden terugkwamen, deden ook de andere wilde dieren dat.
La terra sembrava viva di una presenza invisibile ma fortemente nota.
Het land voelde levendig en aanwezig aan, onzichtbaar maar toch sterk bekend.
Buck non lo sapeva tramite l'udito, la vista o l'olfatto.
Buck wist dit niet door het gehoor, het zicht of de geur.
Un sentimento più profondo gli diceva che nuove forze erano in movimento.

Een dieper gevoel vertelde hem dat er nieuwe krachten op komst waren.
Una strana vita si agitava nei boschi e lungo i corsi d'acqua.
Er woedde een vreemd leven in de bossen en langs de beekjes.
Decise di esplorare questo spirito una volta completata la caccia.
Hij besloot deze geest te onderzoeken nadat de jacht was voltooid.
Il quarto giorno, Buck riuscì finalmente a catturare l'alce.
Op de vierde dag had Buck eindelijk de eland te pakken.
Rimase nei pressi della preda per un giorno e una notte interi, nutrendosi e riposandosi.
Hij bleef de hele dag en nacht bij de prooi om te eten en te rusten.
Mangiò, poi dormì, poi mangiò ancora, finché non fu forte e sazio.
Hij at, sliep, en at weer, totdat hij sterk en vol was.
Quando fu pronto, tornò indietro verso l'accampamento e Thornton.
Toen hij klaar was, keerde hij terug naar het kamp en Thornton.
Con passo costante iniziò il lungo viaggio di ritorno verso casa.
Met vaste tred begon hij aan de lange terugreis naar huis.
Correva con la sua andatura instancabile, ora dopo ora, senza mai smarrirsi.
Hij rende onvermoeibaar, urenlang, zonder ook maar één keer af te wijken.
Attraverso terre sconosciute, si muoveva dritto come l'ago di una bussola.
Door onbekende landen bewoog hij zich rechtdoor als een kompasnaald.
Il suo senso dell'orientamento faceva sembrare deboli, al confronto, l'uomo e la mappa.
In vergelijking daarmee leek de mens en de kaart zwak.
Mentre Buck correva, sentiva sempre più forte l'agitazione nella terra selvaggia.

Terwijl Buck rende, voelde hij de opwinding in het ruige landschap steeds sterker.

Era un nuovo tipo di vita, diverso da quello dei tranquilli mesi estivi.

Het was een nieuw soort leven, anders dan het leven in de rustige zomermaanden.

Questa sensazione non giungeva più come un messaggio sottile o distante.

Dit gevoel kwam niet langer als een subtiele of verre boodschap.

Ora gli uccelli parlavano di questa vita e gli scoiattoli chiacchieravano.

De vogels spraken over dit leven en de eekhoorns kwetterden erover.

Persino la brezza sussurrava avvertimenti tra gli alberi silenziosi.

Zelfs de bries fluisterde waarschuwingen door de stille bomen.

Più volte si fermò ad annusare l'aria fresca del mattino.

Meerdere malen bleef hij staan en snoof de frisse ochtendlucht op.

Lì lesse un messaggio che lo fece fare un balzo in avanti più velocemente.

Daar las hij een bericht waardoor hij sneller vooruit sprong.

Fu pervaso da un forte senso di pericolo, come se qualcosa fosse andato storto.

Hij voelde zich ineens heel gevaarlijk, alsof er iets mis was gegaan.

Temeva che la calamità stesse per arrivare, o che fosse già arrivata.

Hij vreesde dat er onheil op komst was, of al gekomen was.

Superò l'ultima cresta ed entrò nella valle sottostante.

Hij stak de laatste bergkam over en kwam in de vallei terecht.

Si muoveva più lentamente, attento e cauto a ogni passo.

Bij iedere stap bewoog hij langzamer, alerter en voorzichtiger.

Dopo tre miglia trovò una pista fresca che lo fece irrigidire.

Vijf kilometer verderop vond hij een vers spoor dat hem deed verstijven.

I peli sul collo si rizzarono e si rizzarono in segno di allarme.

De haren in zijn nek gingen overeind staan van schrik.

Il sentiero portava dritto all'accampamento dove Thornton aspettava.

Het pad leidde rechtstreeks naar het kamp waar Thornton wachtte.

Buck ora si muoveva più velocemente, con passi silenziosi e rapidi.

Buck bewoog nu sneller, zijn passen waren zowel stil als snel.

I suoi nervi si irrigidirono mentre leggeva segnali che altri non avrebbero notato.

Hij werd steeds zenuwachtiger toen hij de signalen zag die anderen niet zouden herkennen.

Ogni dettaglio del percorso raccontava una storia, tranne l'ultimo pezzo.

Elk detail van de route vertelde een verhaal, behalve het laatste stuk.

Il suo naso gli raccontò della vita che aveva trascorso lì.

Zijn neus vertelde hem over het leven dat hier voorbij was gegaan.

L'odore gli fornì un'immagine mutevole mentre lo seguiva da vicino.

De geur wekte een veranderend beeld op terwijl hij hem dicht volgde.

Ma la foresta stessa era diventata silenziosa, innaturalmente immobile.

Maar het bos zelf was stil geworden; onnatuurlijk stil.

Gli uccelli erano scomparsi, gli scoiattoli erano nascosti, silenziosi e immobili.

Vogels waren verdwenen, eekhoorns waren verborgen, stil en onbeweeglijk.

Vide solo uno scoiattolo grigio, sdraiato su un albero morto.

Hij zag slechts één grijze eekhoorn, plat op een dode boom.

Lo scoiattolo si mimetizzava, rigido e immobile come una parte della foresta.

De eekhoorn ging op in de omgeving, stijf en bewegingloos als een deel van het bos.

Buck si muoveva come un'ombra, silenzioso e sicuro tra gli alberi.

Buck bewoog zich als een schaduw, stil en zeker door de bomen.

Il suo naso si mosse di lato come se fosse stato tirato da una mano invisibile.

Zijn neus bewoog opzij, alsof er door een onzichtbare hand aan werd getrokken.

Si voltò e seguì il nuovo odore nel profondo di un boschetto.

Hij draaide zich om en volgde de nieuwe geur tot diep in het struikgewas.

Lì trovò Nig, steso morto, trafitto da una freccia.

Daar vond hij Nig, dood liggend, doorboord door een pijl.

La freccia gli attraversò il corpo, lasciando ancora visibili le piume.

De pijl ging dwars door zijn lichaam heen, en zijn veren waren nog zichtbaar.

Nig si era trascinato fin lì, ma era morto prima di riuscire a raggiungere i soccorsi.

Nig had zichzelf erheen gesleept, maar stierf voordat hij hulp kon bereiken.

Cento metri più avanti, Buck trovò un altro cane da slitta.

Honderd meter verderop zag Buck nog een sledehond.

Era un cane che Thornton aveva comprato a Dawson City.

Het was een hond die Thornton had gekocht in Dawson City.

Il cane lottava con tutte le sue forze, dimenandosi violentemente sul sentiero.

De hond was in een doodsstrijd verwikkeld en spartelde hevig op het pad.

Buck gli passò accanto senza fermarsi, con gli occhi fissi davanti a sé.

Buck liep langs hem heen, bleef niet stilstaan en hield zijn ogen strak voor zich uit gericht.

Dalla direzione dell'accampamento proveniva un canto lontano e ritmico.

Vanuit de richting van het kamp klonk in de verte een ritmisch gezang.
Le voci si alzavano e si abbassavano con un tono strano, inquietante, cantilenante.
Stemmen rezen en daalden in een vreemde, griezelige, zangerige toon.
Buck strisciò in silenzio fino al limite della radura.
Buck kroop zwijgend naar de rand van de open plek.
Lì vide Hans disteso a faccia in giù, trafitto da numerose frecce.
Daar zag hij Hans liggen, met zijn gezicht naar beneden, doorboord door vele pijlen.
Il suo corpo sembrava quello di un porcospino, irto di penne.
Zijn lichaam leek op een stekelvarken, vol met veren.
Nello stesso momento, Buck guardò verso la capanna in rovina.
Op hetzelfde moment keek Buck naar de verwoeste lodge.
Quella vista gli fece rizzare i capelli sul collo e sulle spalle.
Deze aanblik deed de haren in zijn nek en schouders overeind staan.
Un'ondata di rabbia selvaggia travolse tutto il corpo di Buck.
Een storm van woeste woede ging door Bucks hele lichaam.
Ringhiò forte, anche se non ne era consapevole.
Hij gromde luid, hoewel hij niet wist dat hij dat deed.
Il suono era crudo, pieno di una furia terrificante e selvaggia.
Het geluid was rauw en vol angstaanjagende, wilde woede.
Per l'ultima volta nella sua vita, Buck perse la ragione a causa delle emozioni.
Voor de laatste keer in zijn leven verloor Buck zijn rede voor emoties.
Fu l'amore per John Thornton a spezzare il suo attento controllo.
Het was de liefde voor John Thornton die zijn zorgvuldige controle verbrak.

Gli Yeehats ballavano attorno alla baita in legno di abete rosso distrutta.
De Yeehats dansten rond het verwoeste sparrenhouten huisje.
Poi si udì un ruggito e una bestia sconosciuta si lanciò verso di loro.
Toen klonk er een gebrul en een onbekend beest stormde op hen af.
Era Buck: una furia in movimento, una tempesta vivente di vendetta.
Het was Buck; een woedende, levende storm van wraak.
Si gettò in mezzo a loro, folle di voglia di uccidere.
Hij wierp zich midden tussen hen in, waanzinnig van de drang om te doden.
Si lanciò contro il primo uomo, il capo Yeehat, e colpì nel segno.
Hij sprong op de eerste man af, de Yeehat-leider, en trof doel.
La sua gola era squarciata e il sangue schizzava a fiotti.
Zijn keel was opengereten en het bloed spoot eruit.
Buck non si fermò, ma con un balzo squarciò la gola dell'uomo successivo.
Buck stopte niet, maar scheurde met één sprong de keel van de volgende man open.
Era inarrestabile: squarciava, tagliava, non si fermava mai a riposare.
Hij was niet te stoppen: hij scheurde en hakte erop los, zonder ooit even stil te staan.
Si lanciò e balzò così velocemente che le loro frecce non riuscirono a toccarlo.
Hij schoot en sprong zo snel dat de pijlen hem niet konden raken.
Gli Yeehats erano in preda al panico e alla confusione.
De Yeehats raakten in paniek en verwarring.
Le loro frecce non colpirono Buck e si colpirono tra loro.
Hun pijlen misten Buck en raakten elkaar.
Un giovane scagliò una lancia contro Buck e colpì un altro uomo.

Eén jongere gooide een speer naar Buck en raakte daarmee een andere man.
La lancia gli trapassò il petto e la punta gli trafisse la schiena.
De speer drong door zijn borstkas en de punt drong in zijn rug door.
Il terrore travolse gli Yeehats, che si diedero alla ritirata.
Er ontstond paniek onder de Yeehats en ze sloegen op de vlucht.
Urlarono allo Spirito Maligno e fuggirono nelle ombre della foresta.
Ze schreeuwden om de Boze Geest en vluchtten de schaduwen van het bos in.
Buck era davvero come un demone mentre inseguiva gli Yeehats.
Buck gedroeg zich werkelijk als een duivel toen hij de Yeehats achtervolgde.
Li inseguì attraverso la foresta, abbattendoli come cervi.
Hij rende achter hen aan door het bos en doodde hen als herten.
Divenne un giorno di destino e terrore per gli spaventati Yeehats.
Het werd een dag van noodlot en angst voor de bange Yeehats.
Si dispersero sul territorio, fuggendo in ogni direzione.
Ze verspreidden zich over het land en vluchtten alle kanten op.
Passò un'intera settimana prima che gli ultimi sopravvissuti si incontrassero in una valle.
Er ging een hele week voorbij voordat de laatste overlevenden elkaar in een vallei ontmoetten.
Solo allora contarono le perdite e raccontarono quanto accaduto.
Pas toen telden ze hun verliezen en spraken ze over wat er gebeurd was.
Buck, stanco dell'inseguimento, ritornò all'accampamento in rovina.

Buck was moe van de achtervolging en keerde terug naar het verwoeste kamp.

Trovò Pete, ancora avvolto nelle coperte, ucciso nel primo attacco.

Hij vond Pete, nog steeds onder zijn dekens, gedood bij de eerste aanval.

I segni dell'ultima lotta di Thornton erano visibili nella terra lì vicino.

Sporen van Thorntons laatste strijd waren in het nabijgelegen stof te zien.

Buck seguì ogni traccia, annusando ogni segno fino al punto finale.

Buck volgde elk spoor en besnuffelde elk spoor tot hij een eindpunt had bereikt.

Sul bordo di una profonda pozza trovò il fedele Skeet, immobile.

Aan de rand van een diepe poel vond hij de trouwe Skeet, stil liggend.

La testa e le zampe anteriori di Skeet erano nell'acqua, immobili nella morte.

Skeets hoofd en voorpoten stonden roerloos in het water, dood.

La piscina era fangosa e contaminata dai liquidi di scarico delle chiuse.

Het bassin was modderig en vervuild met afvalwater uit de sluiskasten.

La sua superficie torbida nascondeva ciò che si trovava sotto, ma Buck conosceva la verità.

Het bewolkte oppervlak verborg wat eronder lag, maar Buck kende de waarheid.

Seguì l'odore di Thornton nella piscina, ma non lo portò da nessun'altra parte.

Hij volgde Thorntons geur tot in het zwembad, maar de geur leidde nergens anders heen.

Non c'era alcun odore che provenisse, solo il silenzio dell'acqua profonda.

Er was geen geur die naar buiten leidde, alleen de stilte van het diepe water.

Buck rimase tutto il giorno vicino alla piscina, camminando avanti e indietro per l'accampamento, addolorato.

Buck bleef de hele dag bij het zwembad en liep verdrietig heen en weer door het kamp.

Vagava irrequieto o sedeva immobile, immerso nei suoi pensieri.

Hij dwaalde rusteloos rond of zat stil, verzonken in zware gedachten.

Conosceva la morte, la fine della vita, la scomparsa di ogni movimento.

Hij kende de dood, het einde van het leven, het verdwijnen van alle beweging.

Capì che John Thornton se n'era andato e non sarebbe mai più tornato.

Hij begreep dat John Thornton weg was en nooit meer terug zou komen.

La perdita lasciò in lui un vuoto che pulsava come la fame.

Het verlies liet een lege plek in hem achter, die klopte als honger.

Ma questa era una fame che il cibo non riusciva a placare, non importava quanto ne mangiasse.

Maar het was een honger die hij niet kon stillen, hoeveel hij ook at.

A volte, mentre guardava i cadaveri di Yeehats, il dolore si attenuava.

Soms, als hij naar de dode Yeehats keek, verdween de pijn.

E poi dentro di lui nacque uno strano orgoglio, feroce e totale.

En toen welde er een vreemde trots in hem op, hevig en volkomen.

Aveva ucciso l'uomo, la preda più alta e pericolosa di tutte.

Hij had de mens gedood, het hoogste en gevaarlijkste spel dat er bestaat.

Aveva ucciso in violazione dell'antica legge del bastone e della zanna.

Hij had gedood in strijd met de eeuwenoude wet van knots en slagtand.
Buck annusò i loro corpi senza vita, curioso e pensieroso.
Buck besnuffelde hun levenloze lichamen, nieuwsgierig en nadenkend.
Erano morti così facilmente, molto più facilmente di un husky in combattimento.
Ze waren zo gemakkelijk gestorven, veel gemakkelijker dan een husky in een gevecht.
Senza le armi non avrebbero avuto vera forza né avrebbero rappresentato una minaccia.
Zonder hun wapens waren ze niet echt sterk of gevaarlijk.
Buck non avrebbe più avuto paura di loro, a meno che non fossero stati armati.
Buck zou nooit meer bang voor ze zijn, tenzij ze bewapend zijn.
Stava attento solo quando portavano clave, lance o frecce.
Alleen wanneer ze knuppels, speren of pijlen bij zich hadden, was hij op zijn hoede.

Calò la notte e la luna piena spuntò alta sopra le cime degli alberi.
De nacht viel en een volle maan verscheen hoog boven de boomtoppen.
La pallida luce della luna avvolgeva la terra in un tenue e spettrale chiarore, come se fosse giorno.
Het zwakke maanlicht hulde het land in een zacht, spookachtig schijnsel, alsof het dag was.
Mentre la notte avanzava, Buck continuava a piangere presso la pozza silenziosa.
Terwijl de nacht vorderde, rouwde Buck nog steeds bij de stille poel.
Poi si accorse di un diverso movimento nella foresta.
Toen merkte hij dat er iets anders in het bos gebeurde.
L'agitazione non proveniva dagli Yeehats, ma da qualcosa di più antico e profondo.

De aanleiding voor deze actie was niet de Yeehats, maar iets wat ouder en dieper was.

Si alzò in piedi, drizzò le orecchie e tastò con attenzione la brezza con il naso.

Hij stond op, met gespitste oren, en tastte voorzichtig de wind af met zijn neus.

Da lontano giunse un debole e acuto grido che squarciò il silenzio.

Van veraf klonk een zwakke, scherpe kreet die de stilte doorbrak.

Poi un coro di grida simili seguì subito dopo il primo.

Daarna volgde een koor met soortgelijke kreten, vlak na de eerste.

Il suono si avvicinava sempre di più, diventando sempre più forte con il passare dei minuti.

Het geluid kwam dichterbij en werd met elk moment luider.

Buck conosceva quel grido: proveniva da quell'altro mondo nella sua memoria.

Buck kende deze kreet, hij hoorde hem vanuit die andere wereld in zijn geheugen.

Si recò al centro dello spazio aperto e ascoltò attentamente.

Hij liep naar het midden van de open ruimte en luisterde aandachtig.

L'appello risuonò più forte che mai, più sentito e più potente che mai.

De roep klonk luid en duidelijk, krachtiger dan ooit.

E ora, più che mai, Buck era pronto a rispondere alla sua chiamata.

En nu, meer dan ooit tevoren, was Buck klaar om zijn roeping te beantwoorden.

John Thornton era morto e in lui non era rimasto alcun legame con l'uomo.

John Thornton was dood. Hij voelde zich niet meer verbonden met de mens.

L'uomo e tutte le pretese umane erano svaniti: era finalmente libero.

De mens en alle menselijke aanspraken waren verdwenen: hij was eindelijk vrij.

Il branco di lupi era a caccia di carne, proprio come un tempo avevano fatto gli Yeehats.

De roedel wolven was op jacht naar vlees, net zoals de Yeehats dat vroeger ook deden.

Avevano seguito le alci mentre scendevano dalle terre boscose.

Ze waren de elanden vanuit het bosgebied gevolgd.

Ora, selvaggi e affamati di prede, attraversarono la sua valle.

Nu staken ze wild en hongerig naar prooi, de vallei over.

Giunsero nella radura illuminata dalla luna, scorrendo come acqua argentata.

Ze kwamen de open plek in het maanlicht binnen, stromend als zilverkleurig water.

Buck rimase immobile al centro, in attesa.

Buck bleef roerloos in het midden staan en wachtte op hen.

La sua presenza calma e imponente lasciò il branco senza parole, tanto da farlo restare per un breve periodo in silenzio.

Zijn kalme, grote aanwezigheid deed de roedel even zwijgen.

Allora il lupo più audace gli saltò addosso senza esitazione.

Toen sprong de stoutmoedigste wolf zonder aarzelen recht op hem af.

Buck colpì rapidamente e spezzò il collo del lupo con un solo colpo.

Buck sloeg snel toe en brak met één enkele klap de nek van de wolf.

Rimase di nuovo immobile mentre il lupo morente si contorceva dietro di lui.

Hij bleef weer roerloos staan, terwijl de stervende wolf zich achter hem omdraaide.

Altri tre lupi attaccarono rapidamente, uno dopo l'altro.

Drie andere wolven vielen snel aan, de een na de ander.

Ognuno di loro si ritrasse sanguinante, con la gola o le spalle tagliate.

Ze kwamen allemaal bloedend terug, met doorgesneden keel of schouders.
Ciò fu sufficiente a scatenare una carica selvaggia da parte dell'intero branco.
Dat was voor de hele roedel aanleiding om in een wilde aanval te gaan.
Si precipitarono tutti insieme, troppo impazienti e troppo ammassati per colpire bene.
Ze stormden gezamenlijk naar binnen, te gretig en te dicht op elkaar om goed toe te slaan.
La velocità e l'abilità di Buck gli permisero di anticipare l'attacco.
Dankzij Bucks snelheid en vaardigheid kon hij de aanval voorblijven.
Girò sulle zampe posteriori, schioccando i denti e colpendo in tutte le direzioni.
Hij draaide zich om op zijn achterpoten en sloeg en sloeg in alle richtingen.
Ai lupi sembrò che la sua difesa non si fosse mai aperta o avesse vacillato.
Voor de wolven leek het erop dat zijn verdediging nooit wankelde.
Si voltò e colpì così velocemente che non riuscirono a raggiungerlo alle spalle.
Hij draaide zich om en sloeg zo snel toe dat ze niet achter hem konden komen.
Ciononostante, il loro numero lo costrinse a cedere terreno e a ritirarsi.
Toch dwongen hun aantallen hem om terrein prijs te geven en zich terug te trekken.
Superò la piscina e scese nel letto roccioso del torrente.
Hij liep langs de poel en de rotsachtige kreekbedding in.
Lì si imbatté in un ripido pendio di ghiaia e terra.
Daar stuitte hij op een steile helling van grind en aarde.
Si è infilato in un angolo scavato durante i vecchi scavi dei minatori.

Hij belandde in een hoek die was afgesneden tijdens het oude graafwerk van de mijnwerkers.

Ora, protetto su tre lati, Buck si trovava di fronte solo al lupo frontale.

Nu, beschermd aan drie kanten, hoefde Buck alleen nog maar de voorste wolf te trotseren.

Lì rimase in attesa, pronto per la successiva ondata di assalto.

Daar stond hij op afstand, klaar voor de volgende aanvalsgolf.

Buck mantenne la posizione con tanta ferocia che i lupi indietreggiarono.

Buck hield zo stand dat de wolven zich terugtrokken.

Dopo mezz'ora erano sfiniti e visibilmente sconfitti.

Na een half uur waren ze uitgeput en zichtbaar verslagen.

Le loro lingue pendevano fuori e le loro zanne bianche brillavano alla luce della luna.

Hun tongen hingen uit en hun witte hoektanden glinsterden in het maanlicht.

Alcuni lupi si sdraiano, con la testa alzata e le orecchie dritte verso Buck.

Sommige wolven gingen liggen, met hun hoofd omhoog en hun oren gespitst in de richting van Buck.

Altri rimasero immobili, attenti e osservarono ogni suo movimento.

Anderen stonden stil, alert en hielden elke beweging van hem in de gaten.

Qualcuno si avvicinò alla piscina e bevve l'acqua fredda.

Enkelen gingen naar het zwembad en dronken wat koud water.

Poi un lupo grigio, lungo e magro, si fece avanti furtivamente, con passo gentile.

Toen kroop er een lange, magere grijze wolf zachtjes naar voren.

Buck lo riconobbe: era il fratello selvaggio di prima.

Buck herkende hem: het was de wilde broer van net.

Il lupo grigio uggiolò dolcemente e Buck rispose con un guaito.

De grijze wolf jankte zachtjes en Buck antwoordde met een jank.
Si toccarono il naso, silenziosamente, senza timore o minaccia.
Ze raakten elkaars neuzen aan, stilletjes en zonder bedreiging of angst.
Poi venne un lupo più anziano, scarno e segnato dalle numerose battaglie.
Daarna kwam er een oudere wolf, mager en met littekens van de vele gevechten.
Buck cominciò a ringhiare, ma si fermò e annusò il naso del vecchio lupo.
Buck begon te grommen, maar hield even op en besnuffelde de neus van de oude wolf.
Il vecchio si sedette, alzò il naso e ululò alla luna.
De oude man ging zitten, hief zijn neus op en huilde naar de maan.
Il resto del branco si sedette e si unì al lungo ululato.
De rest van de roedel ging zitten en zong mee in het lange gehuil.
E ora la chiamata giunse a Buck, inequivocabile e forte.
En nu bereikte Buck de roep, onmiskenbaar en krachtig.
Si sedette, alzò la testa e ululò insieme agli altri.
Hij ging zitten, hief zijn hoofd op en huilde met de anderen mee.
Quando l'ululato cessò, Buck uscì dal suo riparo roccioso.
Toen het gehuil ophield, stapte Buck uit zijn rotsachtige schuilplaats.
Il branco si strinse attorno a lui, annusando con gentilezza e cautela.
De roedel sloot zich om hem heen en begon vriendelijk en voorzichtig te snuffelen.
Allora i capi lanciarono un grido e si precipitarono nella foresta.
Toen gaven de leiders een gil en renden het bos in.
Gli altri lupi li seguirono, guaendo in coro, selvaggi e veloci nella notte.

De andere wolven volgden, jankend in koor, wild en snel in de nacht.
Buck corse con loro, accanto al suo selvaggio fratello, ululando mentre correva.
Buck rende met hen mee, naast zijn wilde broer, en huilde terwijl hij rende.

Qui la storia di Buck giunge al termine.
Hier komt het verhaal van Buck mooi tot een einde.
Negli anni a seguire, gli Yeehats notarono degli strani lupi.
In de jaren die volgden, merkten de Yeehats vreemde wolven op.
Alcuni avevano la testa e il muso marroni e il petto bianco.
Sommigen hadden bruin op hun kop en snuit, en wit op hun borst.
Ma ancora di più temevano la presenza di una figura spettrale tra i lupi.
Maar ze waren nog banger voor een spookachtige figuur onder de wolven.
Parlavano a bassa voce del Cane Fantasma, il capo del branco.
Ze spraken fluisterend over de Geesthond, de leider van de roedel.
Questo Ghost Dog era più astuto del più audace cacciatore di Yeehat.
Deze Spookhond was sluwer dan de dapperste Yeehat-jager.
Il cane fantasma rubava dagli accampamenti nel cuore dell'inverno e faceva a pezzi le loro trappole.
De spookhond stal midden in de winter uit de kampen en scheurde hun vallen kapot.
Il cane fantasma uccise i loro cani e sfuggì alle loro frecce senza lasciare traccia.
De spookhond doodde hun honden en ontsnapte spoorloos aan de pijlen.
Perfino i guerrieri più coraggiosi avevano paura di affrontare questo spirito selvaggio.

Zelfs hun dapperste krijgers waren bang om deze wilde geest onder ogen te komen.

No, la storia diventa ancora più oscura con il passare degli anni trascorsi nella natura selvaggia.

Nee, het verhaal wordt nog donkerder naarmate de jaren in de wildernis verstrijken.

Alcuni cacciatori scompaiono e non fanno più ritorno ai loro accampamenti lontani.

Sommige jagers verdwijnen en keren nooit meer terug naar hun afgelegen kampen.

Altri vengono trovati con la gola squarciata, uccisi nella neve.

Anderen worden met doorgesneden keel gevonden, gedood in de sneeuw.

Intorno ai loro corpi ci sono delle impronte più grandi di quelle che un lupo potrebbe mai lasciare.

Rondom hun lichamen bevinden zich sporen, groter dan welke wolf dan ook zou kunnen maken.

Ogni autunno, gli Yeehats seguono le tracce dell'alce.

Elk najaar volgen de Yeehats het spoor van de elanden.

Ma evitano una valle perché la paura è scolpita nel profondo del loro cuore.

Maar ze vermijden één vallei, met angst die diep in hun hart is gekerfd.

Si dice che la valle sia stata scelta dallo Spirito Maligno come sua dimora.

Ze zeggen dat de vallei door de Boze Geest is uitgekozen als zijn woonplaats.

E quando la storia viene raccontata, alcune donne piangono accanto al fuoco.

En als het verhaal verteld is, zitten er vrouwen bij het vuur te huilen.

Ma d'estate, c'è un visitatore che giunge in quella valle sacra e silenziosa.

Maar in de zomer komt er een bezoeker naar die stille, heilige vallei.

Gli Yeehats non lo conoscono e non potrebbero capirlo.

De Yeehats wisten niets van zijn bestaan en konden het ook niet begrijpen.

Il lupo è un animale grandioso, ricoperto di gloria, come nessun altro della sua specie.

De wolf is een geweldig dier, bedekt met glorie, zoals geen ander in zijn soort.

Lui solo attraversa il bosco verde ed entra nella radura della foresta.

Hij alleen steekt het groene bos over en betreedt de open plek in het bos.

Lì, la polvere dorata contenuta nei sacchi di pelle d'alce si infiltra nel terreno.

Daar sijpelt het gouden stof van elandenhuidzakken in de grond.

L'erba e le foglie vecchie hanno nascosto il giallo del sole.

Gras en oude bladeren verbergen het geel voor de zon.

Qui il lupo resta in silenzio, pensando e ricordando.

Hier staat de wolf in stilte, nadenkend en herinnerend.

Urla una volta sola, a lungo e lugubremente, prima di girarsi e andarsene.

Hij huilt één keer – lang en treurig – voordat hij zich omdraait om weg te gaan.

Ma non è sempre solo nella terra del freddo e della neve.

Toch is hij niet altijd alleen in het land van kou en sneeuw.

Quando le lunghe notti invernali scendono sulle valli più basse.

Wanneer lange winternachten over de lager gelegen valleien neerdalen.

Quando i lupi seguono la selvaggina attraverso il chiaro di luna e il gelo.

Als de wolven het wild volgen in het maanlicht en bij vorst.

Poi corre in testa al gruppo, saltando in alto e in modo selvaggio.

Dan rent hij voorop en springt hoog en wild.

La sua figura svetta sulle altre, la sua gola risuona di canto.

Zijn gestalte torent boven de anderen uit, zijn keel klinkt van gezang.

È il canto del mondo più giovane, la voce del branco.
Het is het lied van de jongere wereld, de stem van de roedel.
Canta mentre corre: forte, libero e per sempre selvaggio.
Hij zingt terwijl hij rent: sterk, vrij en altijd wild.